Excel 2007 Básico

Excel 2007 Básico

Francisco López

STARBOOK

La ley prohíbe
fotocopiar este libro

Editado por StarBook Editorial
Calle Jarama, 3A, Polígono Industrial Igarsa
28860 PARACUELLOS DE JARAMA, Madrid
Teléfono: (+34) 91 658 16 98
Fax: (+34) 91 658 16 98
Correo electrónico: starbook@starbook.es
Internet: www.starbook.es
ISBN: 978-84-936896-3-6
Depósito Legal: M. 16.650-2009
Autoedición: Autor
Impresión y encuadernación: Closas-Orcoyen, S. L.

Para mi buen amigo Fernando Peces,
una alegre fuerza arrolladora,
que ha entrado en mi vida.

También con cariño, para su mujer, Pepa,
y para su peque, Alex.

ÍNDICE

INTRODUCCIÓN

En pleno siglo XXI cualquier trabajador necesita disponer de conocimientos de informática. En esa misma línea un usuario de ordenadores no puede prescindir de conocimientos de Ofimática, que conforman un requisito imprescindible para acceder a un puesto de trabajo.

El paso inicial para adentrarse en la Ofimática suele darse en los procesadores de texto puesto que es probablemente la aplicación que resulta más familiar a cualquier tipo de usuario. En segundo lugar, es muy común que cualquier usuario que domine su manejo se adentre en el mundo de las hojas de cálculo. Sin embargo, el desconocimiento total o parcial de un sistema de procesador de texto no limita en absoluto el posible conocimiento de un completo sistema de hojas de cálculo como es Excel.

Una hoja de cálculo es un documento que se utiliza para realizar operaciones matemáticas a todos los niveles. Consiste en una serie de datos distribuidos en celdas dispuestas por filas y columnas. Estos datos pueden ser de varios tipos y son capaces de relacionarse unos con otros para la resolución final del cálculo.

Este libro está estructurado de forma que se avanza partiendo de un conocimiento mínimo que se va engrosando sobre la marcha con ejercicios demostrativos que se cimentan sobre la teoría propia del sistema. De este modo, cada nuevo conocimiento propuesto se adquiere con la práctica, de modo que sería recomendable disponer de un ordenador con el que realizar las tareas sugeridas.

En primer lugar, debemos conocer bien el manejo del entorno de trabajo. Excel ofrece infinidad de botones y otros elementos que permiten activar y desactivar las funciones que mejoran el aspecto de nuestro trabajo y automatizan ciertas tareas que, de no funcionar de ese modo, exigirían una gran dosis de esfuerzo conjuntamente con el tiempo que requerirían para terminarlas manualmente.

Para acceder a Excel, despliegue el botón **Inicio** de Windows (o *Inicio*) y seleccione la opción **Todos los programas** (o **Programas**, dependiendo de la versión de Windows que tenga instalada en su equipo). En la lista que obtenga, busque **Microsoft Office**, que le ofrecerá una nueva lista. En ella, deberá encontrar **Microsoft Office Excel 2007**.

El aspecto que muestra Excel cuando accedemos a él es el siguiente:

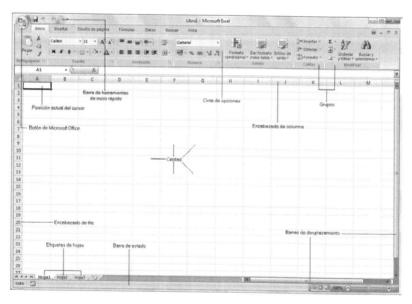

1.   **Botón de Microsoft Office** (o **Botón de Office**). Contiene el menú con las opciones principales (Abrir, Guardar, Imprimir, etc.).

2. **Cinta de opciones.** Contiene botones con las funciones del programa organizadas por fichas. Al pulsar sobre los botones, las tareas que tengan asociadas entran en funcionamiento. Haciendo clic en las fichas se cambia de cinta para acceder a otros botones y, por tanto, a otras funciones. Estas fichas son extraordinariamente importantes para acceder a todas las funciones que Word es capaz de proporcionar para construir y mejorar un documento de texto.

3. **Celdas.** Son las encargadas de albergar los datos de Excel. En ellas se escriben rótulos de texto, datos numéricos, fórmulas, funciones, etc.

4. **Encabezado de filas/columnas.** Los encabezados indican la numeración de las filas y columnas. También tienen otras funciones como seleccionar filas o columnas completas (haciendo clic en una) y ampliar o reducir la altura y anchura de las celdas (haciendo clic entre dos y arrastrando).

5. **Posición actual del cursor.** Indica dónde se encuentra el usuario en cada momento. Al introducir datos en Excel irán a parar a esa celda.

6. **Barras de desplazamiento.** Permiten desplazarse por el texto.

7. **Barra de estado.** Muestra en todo momento la situación en que se encuentra el usuario en el texto: la página y sección, la posición actual del cursor, etc.

8. **Etiquetas de hojas.** Se emplean para acceder a las distintas hojas del libro de trabajo. Se hace clic en una para acceder a su contenido. Como se va a ver, cada hoja del libro ofrece una tabla de celdas que están distribuidas en filas y columnas numeradas: las filas de forma numérica —1, 2, 3, etc.— y las columnas de forma alfabética —a, b, c, etc.—.

Capítulo 1

FUNCIONES BÁSICAS
DE HOJA DE CÁLCULO

Como cualquier documento, las hojas de cálculo se nutren de información añadida por sus usuarios. Comenzaremos por describir aquellos datos que pueden añadirse a las hojas de cálculo de Excel.

1.1 DATOS

Los datos que pueden manejarse con Excel, así como con la mayor parte de las hojas de cálculo, podrían clasificarse fundamentalmente en dos tipos:

- Datos de texto.

- Datos numéricos.

Los datos de texto son, evidentemente, pequeños mensajes o datos textuales que se teclean en las celdas de una hoja de cálculo. Normalmente, se utilizan como rótulo para algún gráfico matemático, como títulos, o bien, para especificar datos de forma concreta utilizando nombres que los definan.

Para escribir datos de texto, bastará con situarse en la celda deseada y comenzar a escribir el dato. En principio, los datos de texto aparecen alineados a la izquierda de la celda; sin embargo, como veremos más adelante, podremos emplazarlos de otro modo.

He aquí algunos ejemplos de datos de texto:

• Mayo

• Sr. Alonso

• Total de meses

• Avda. del Río Jalón, n° 133

Los datos numéricos hacen referencia a números sencillos escritos en las celdas adecuadas. Sobre estos números se construyen los datos más complejos de la hoja de cálculo. Podremos realizar funciones más complejas utilizando como base los datos numéricos simples. Así pues, tendremos la posibilidad de crear fórmulas y utilizar funciones de Excel empleando para ello los datos numéricos.

Para escribir en la hoja de cálculo un dato numérico simple, basta con situarse en la celda deseada y teclear directamente el número que se desea emplear. Algunos ejemplos de datos numéricos simples son:

• 9

• 1200

• 350

• 30%

1.1.1 Práctica demostrativa

Puesto que todo trabajo en Excel requiere de unos datos iniciales, vamos a aprovechar este momento para realizar una práctica en la que añadiremos datos a una hoja de cálculo y los emplearemos en ejercicios futuros.

1. Acceda a Excel. Obtendrá, entre otras cosas, un documento vacío consistente en una tabla con filas y columnas y el cursor situado en la primera celda (A1).

2. Teclee la palabra *Gastos* y pulse **INTRO**. El cursor debería ir a la fila siguiente (A2).

3. Pulse la tecla **TABULADOR** o bien la flecha del teclado que apunta a la derecha (**CURSOR DERECHA**) para desplazarse a la siguiente celda. En ella teclee *Sr. López*. Igualmente, en las siguientes celdas de la derecha deberá teclear, por orden, los nombres *Sr. Gómez*, *Sr. Pérez*, *Sr. García* y *Sr. González*.

4. Pulse INTRO para acceder a la siguiente fila y teclee la palabra *Enero*.

5. Ayudándose de la tecla **TABULADOR**, escriba un valor numérico debajo de cada uno de los nombres de la fila anterior. En la siguiente figura podrá ver los números que habrá de teclear y como en las siguientes filas, deberá añadir más meses y cifras:

	A	B	C	D	E	F
1	GASTOS					
2		Sr. López	Sr. Gómez	Sr. Pérez	Sr. García	Sr. González
3	Enero	1000	800	900	2000	3000
4	Febrero	1100	1000	1000	1900	2800
5	Marzo	1200	1200	1100	1800	2600
6	Abril	1300	1400	1200	1700	2400
7	Mayo	1400	1600	1300	1600	2200
8	Junio	1500	1800	1400	1500	2000
9	Julio	1600	2000	1500	1400	1800
10	Agosto	1700	2200	1600	1300	1600
11	Septiembre	1800	2400	1700	1200	1400
12	Octubre	1900	2600	1800	1100	1200
13	Noviembre	2000	2800	1900	1000	1000
14	Diciembre	2100	3000	2000	900	800

6. No se deshaga aún del documento, ya que lo vamos a guardar en próximos ejercicios y eso le evitará teclear otro.

1.2 OPERADORES

Puesto que tratamos con un tipo de documento en el que son muy relevantes los cálculos, adquieren una importancia destacada los operadores con los que resolveremos dichos cálculos.

Particularmente los operadores aritméticos clásicos serán de gran utilidad:

+   para sumas. Ejemplo: 5+825

-   para restas. Ejemplo: 67-3

*   para multiplicaciones. Ejemplo: 5*10

/   para divisiones. Ejemplo: 30/3

^   para realizar potencias. Ejemplo: 5^2

()   paréntesis: para agrupar operaciones. Ejemplo: (6+8)/C2

Toda fórmula en Excel, sea del tipo que sea, debe ir precedida del signo igual (=). Por ello, si desea comprobar alguno de los ejemplos que acabamos de exponer, comience por teclear ese carácter y, sin separación alguna, el resto de la fórmula.

Siempre que necesite eliminar un dato de una celda, haga clic sobre ella y pulse la tecla **SUPR**.

1.3 REFERENCIAS

Las fórmulas pueden contener, aparte de datos numéricos simples, referencias a datos que están situados en otras celdas.

Como ya sabemos, las hojas de cálculo se forman mediante datos distribuidos en filas y columnas:

- Las filas están numeradas desde la primera (la número 1) hasta la última (la 1.048.576).

- Las columnas se nombran mediante letras siguiendo el orden alfabético de éstas. Al llegar a la columna Z se recomienza el recuento mediante dos letras (AA, AB, AC, etc.), siguiendo un sistema similar al de las matrículas de los automóviles. En Excel, la primera columna es la A y la última es la XFD.

En definitiva, para localizar un dato en una celda se utiliza su número de fila y su letra de columna. En el ejemplo junto al margen, el dato *Mensaje* se encuentra en la celda **B5**.

	A	B	C
1			
2			
3			
4			
5		Mensaje	
6			

En una hoja de cálculo, puede saberse rápidamente la celda en que se encuentra observando el **Cuadro de nombres** situado en la barra de fórmulas:

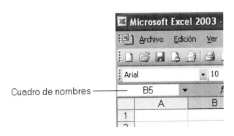

Las hojas de cálculo de Excel se agrupan en libros. La forma de acceder a una hoja dentro del libro es mediante su etiqueta, que aparece en forma de pestaña en la parte inferior de la ventana de Excel:

Hoja1 / Hoja2 / Hoja3 / Hoja4 / Hoja5 / Hoja6 / H

Como puede observarse, Excel nombra cada página del libro con el identificador **Hoja** seguido de un número de orden.

Veamos un ejemplo de trabajo con referencias:

B5	▼	f_x	=B2+4^C3	
	A	B	C	D
1				
2		15		
3			2	
4				
5	Resultado	31		
6				

Obsérvese que en la barra de fórmulas aparece el dato =B2+4^C3, que utilizará el dato contenido en B2 (15) para sumárselo a 4 elevado a C3 (es decir, 2). El resultado de la fórmula aparece en la celda B5. Observe, por otra parte, que si teclea paréntesis en la fórmula anterior el resultado variará ofreciendo un resultado diferente, ya que en ese caso Excel suma primero B2 y 4 y el resultado lo eleva al cuadrado:

```
=(B2+4)^2 da como resultado 361
```

Si el resultado de una fórmula abarca mucho espacio, es posible que la cifra no quepa en la columna. Es posible, entonces, obtener en la celda varias almohadillas rellenándola:

```
########
```

Lo único que necesitará será ampliar la anchura de la columna hasta que el número entre dentro sin problemas. Puede ampliar una columna haciendo clic entre sus letras (por ejemplo, entre las letras de las columnas A y B) y, sin soltar el botón del ratón, arrastrando a la izquierda o la derecha según necesite.

1.3.1 Práctica demostrativa

Vamos a aprovechar la hoja que diseñó en el ejercicio anterior para añadir unos cálculos sencillos:

1. He aquí un ejemplo de la primera columna, referida a los datos del *Sr. López*. En la celda **B15**, teclee lo siguiente:

    ```
    =B3+B4+B5+B6+B7+B8+B9+B10+B11+B12+B13+B14
    ```

    Este método resulta algo rudimentario para sumar, pero Excel ofrece otras posibilidades más potentes y cómodas para la suma que veremos posteriormente.

2. En **A15** teclee el texto *Total empleado*.

3. Realice la media aritmética de los datos de cada columna. He aquí un ejemplo de la primera columna, referida a los datos del *Sr. López*. En la celda **B16**, teclee lo siguiente:

    ```
    =B15/12
    ```

    Observe que aprovechamos el dato que ya está sumado en la celda **B15** para no tener que sumar de nuevo.

4. En **A16** teclee el texto *Media empleado*.

5. Repita los cálculos para cada columna de la hoja que contiene datos.

6. No se deshaga aún del documento, ya que lo vamos a guardar en próximos ejercicios y eso le evitará teclear otro.

1.3.2 Referencias a datos de otras hojas

Cuando se desea utilizar una fórmula en la que hay un dato de otra hoja, es necesario teclear el nombre de esa hoja para referirse al dato (se denomina **vincular** datos de otras hojas). Se escribe dicho nombre seguido del signo de exclamación cerrado (!) y la referencia de la celda. Por ejemplo, si se ha de multiplicar por dos el dato que hay en la celda C7 de la Hoja3 (suponiendo que el resultado deba aparecer en otra hoja), la forma correcta de hacerlo sería:

```
=Hoja3!C7*2
```

1.3.3 Práctica demostrativa

1. Acceda a la hoja de cálculo que ha ido diseñando en los ejercicios anteriores.

2. Haga clic en la pestaña de la etiqueta *Hoja2*.

3. En la celda **B2** teclee el dato *Total empleado*.

4. En la **C1** teclee: =Hoja1!B2. Debería aparecer el dato Sr. López, puesto que es el que se encuentra en la celda **B2** de la hoja1.

5. A su lado, a la derecha, asegúrese de que hace lo mismo para el resto de los empleados. Así, si se cambia algún nombre en la hoja1, cambiará automáticamente en la hoja2.

6. En la celda **C2** teclee: =Hoja1!B16. Debería aparecer la suma correspondiente al *Sr. López* que realizó en la hoja1.

7. A su lado, a la derecha, asegúrese de que hace lo mismo para el resto de los empleados. Así, si se cambia algún valor en la hoja 1 que afecte a alguno de los totales, se actualizará automáticamente en la hoja2.

8. En la celda **H1**, es decir, a la derecha del último de los empleados de la lista, escriba *Promedio empleados*.

9. En la celda **F3** teclee: `=(Hoja1!B17+Hoja1!C17+Hoja1!D17+ Hoja1!E17+Hoja1!F17)/5`. Aunque existen formas mejores de hallar el promedio, de momento emplearemos este para que observe cómo se pueden aplicar cálculos a datos traídos de otras celdas. Si tecleó los datos correctos en el primer ejercicio, el resultado que debería obtener es *1650*.

10. No se deshaga aún del documento, ya que lo vamos a guardar en próximos ejercicios y eso le evitará teclear otro.

1.4 EDICIÓN DE CELDAS

Si una celda contiene un dato que se desea modificar, bastará con situarse en la celda correspondiente y rescribir el dato completo para sustituir al antiguo.

Sin embargo, puede resultar pesado en el caso de que sólo sea necesario variar mínimamente el dato antiguo para que quede escrito correctamente. Si este es el caso, se puede situar en la celda y pulsar la tecla **F2** (o hacer doble clic en ella) lo que permitirá modificar el dato sin tener que escribirlo de nuevo completamente.

Cuando se está tecleando, el cuadro de texto de edición en la ventana de Excel presenta un aspecto como este:

1. El botón [B5   ] ▾ (**Cuadro de nombres**) despliega una lista de nombres que se pueden añadir a la celda o emplearse para acceder a su posición.

2. El botón [×] (**Cancelar**) se emplea para anular la introducción o modificación del dato que se ha estado escribiendo en la celda.

3. El botón [✓] (**Introducir**) aceptará el dato que se haya estado escribiendo en la celda, añadiéndolo a la hoja de cálculo activa.

4. El botón [*fx*] (**Insertar función**) permite añadir una función de Excel.

1.5 DESPLAZARSE POR LAS HOJAS DE CÁLCULO

Teclas para moverse rápidamente a través de la hoja de cálculo:

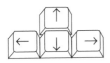

Los **cursores** le permitirán desplazarse a celdas contiguas. Por ejemplo, pulse la tecla cursor derecha (->) para acceder a la celda que haya a la derecha de aquella en la que se encuentre.

La tecla **INICIO** lleva a la primera columna de la fila en la que se encuentre el cursor en ese instante.

La tecla **RE PÁG** lleva unas cuantas filas de celdas hacia arriba (el número de filas que quepan en la ventana de Excel).

La tecla **AV PÁG** lleva unas cuantas filas de celdas hacia abajo (el número de filas que quepan en la ventana de Excel).

Las teclas **CONTROL + RE PÁG** llevan a la hoja de cálculo anterior dentro del libro actual.

Las teclas **CONTROL + AV PÁG** llevan a la siguiente hoja de cálculo dentro del libro actual.

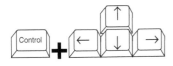

Las teclas **CONTROL + CURSORES** (o también **FIN** seguida de los **CURSORES**) llevan entre regiones de la hoja de cálculo. Las regiones son grupos de datos situados en celdas contiguas (tanto vertical como horizontalmente). Si existe alguna celda vacía (aunque sólo sea una) entre dos grupos de celdas con datos, se considerará que cada grupo es una región. Se utiliza la tecla **FIN** para pasar de una región a otra. Al pulsar la tecla **FIN** y, después de soltarla, pulsar una tecla del cursor, se avanzará a la siguiente región de la hoja siguiendo la dirección que tenga la tecla del cursor elegida. Si no existe ninguna región que alcanzar, Excel le depositará al final de la hoja siguiendo la misma dirección.

o también

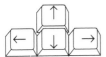

seguida de

 Las teclas **CONTROL + INICIO** nos llevan al principio de la hoja de cálculo (celda A1).

 Las teclas **CONTROL + FIN** nos llevan al final de la hoja de cálculo. Para ello, se desplazará hasta situarse en la última columna y fila que posean datos.

Existe otro modo de situarse rápidamente en una celda concreta que se encuentre alejada de nuestra posición actual. Si se pulsa la tecla **F5** o si se despliega el botón **Buscar y seleccionar** del grupo **Modificar** de la ficha **Inicio** en la cinta de opciones y se activa **Ir a**, se nos preguntará el lugar exacto de la hoja al que deseamos ir:

Utilice el cuadro de texto **Referencia** para indicar la dirección de la celda a la que desea desplazarse (por ejemplo, **D6**). Pueden usarse los nombres de las hojas del libro de trabajo para acceder a celdas que se encuentren en esa hoja (por ejemplo, **Hoja3!B7**). Se estudiará esto con mayor detalle más adelante.

Cuando se ha utilizado este cuadro de diálogo en varias ocasiones, la lista **Ir a** muestra las referencias de las últimas celdas a las que se ha desplazado utilizando este método.

1.6 LIBROS DE TRABAJO

Antiguamente, el trabajo que se realizaba con un sistema de hoja de cálculo se aplicaba únicamente sobre una inmensa tabla en la que se depositaban los datos. En hojas que mantuviesen una gran cantidad de información, resultaba molesto y difícil mantenerla toda, organizándola en grupos de datos separados que, tarde o temprano se daban alcance con la consiguiente molestia de reorganizar la información separando su contenido. Esto se ha solucionado en las modernas hojas de cálculo incluyendo en un documento varias tablas con las que trabajar, con lo que se puede clasificar la información separando su contenido en hojas. Así, el término hoja de cálculo quedaba prácticamente obsoleto, ya que no se trataba únicamente de una hoja, sino de un libro que contenía una, dos o más.

Así pues, en Excel y en otros sistemas similares, un libro de trabajo reúne varias hojas de cálculo en un solo documento.

Cuando guardamos el documento en el disco, realmente almacenamos todas las hojas del libro de trabajo completo:

Como hemos dicho, Excel nombra las hojas como *Hoja1*, *Hoja2*, etc. Pero existen cuatro botones y una barra de desplazamiento a su misma altura para poder moverse entre las páginas. Si sabe que hay más hojas de las que se ven a primera vista, podrá ver el resto utilizando los botones:

⏮ Se utiliza para pasar a la primera hoja del libro.

◀ Se utiliza para pasar a la hoja anterior del libro.

▶ Se utiliza para pasar a la hoja posterior del libro.

⏭ Se utiliza para pasar a la última hoja del libro.

Se puede acceder a una hoja haciendo clic en la pestaña de su etiqueta (Hoja1 Hoja2 Hoja3). Si no se puede ver la etiqueta de la hoja a la que se desea acceder, se emplean los botones anteriores (⏮ ◀ ▶ ⏭).

Existen dos posibilidades si se ha de seleccionar varias hojas:

Si las hojas que se van a seleccionar están contiguas se hace clic en la pestaña de la primera y, manteniendo pulsada la tecla de **MAYÚSCULAS**, se hace otro clic en la pestaña de la última. Todas las hojas intermedias, incluyendo la primera y la última, quedarán seleccionadas:

| Hoja1 | **Hoja2** | Hoja3 | Hoja4 | Hoja5 |

Pulsando la tecla **CONTROL** y haciendo varios clics en las pestañas de las hojas que se desea seleccionar.

| **Hoja1** | Hoja2 | Hoja3 | Hoja4 | Hoja5 |

1.7 BLOQUES DE CELDAS (RANGOS)

En múltiples trabajos que se realizan con Excel, necesitamos hacer referencia, no a una única celda, sino a un grupo compacto de ellas, al que llamaremos genéricamente un rango de celdas. Existe un modo de referirse a uno de estos grupos de celdas contiguas, utilizando la referencia de dos de ellas: la superior izquierda y la inferior derecha del grupo.

Para referirse al grupo (rango) de celdas basta con escribir la primera, seguida de dos puntos (:) y, a continuación, escribir la segunda.

	A	B	C	D	E
1					
2					
3		Enero	1997	1	
4		Febrero	1998	2	
5		Marzo	1999	3	
6		Abril	2000	4	
7		Mayo	2001	5	
8					

En este ejemplo, puede apreciarse un rango de celdas ocupadas con datos. El rango comenzaría por la celda cuya referencia es B3 (que contiene el dato *Enero*) y terminaría en D7 (que contiene el dato *5*). Para referirse a este rango se indicaría *B3:D7*.

1.8 LA CINTA DE OPCIONES

La práctica ausencia total de menús en la versión 2007 de los programas de Office hacen de la cinta de opciones el elemento principal con el que se accede a todas las funciones de cada programa.

En esta versión de Office es necesario que el usuario "cambie el chip" y olvide los menús como elemento principal de acceso a las funciones. Microsoft apuesta en este caso por una evolución de las barras de herramientas de forma que un usuario pueda ver diferentes grupos clasificados por fichas con los que acceder a las funciones cotidianas. Aun así, el nuevo método exige una adaptación que lleva cierto tiempo. Sin embargo, el acceso a las funciones de la cinta de opciones, sin el uso del ratón, resulta realmente simple y es recomendable que sea éste el método habitual de trabajo de todo aquel usuario que sea un mecanógrafo razonablemente rápido.

Cuando se pulsa la tecla **ALT** aparecen varias letras resaltadas superpuestas a las fichas y elementos de la cinta, al pulsar la tecla de esa letra se activa la ficha, momento en el cual aparecerán más letras o números, incluso a pares, que al ser pulsadas activarán la función correspondiente. Por ejemplo, si se pulsa **ALT** y luego las teclas **O** (letra o) y **1** (número uno) se activa la letra **Negrita** (aunque los atajos antiguos siguen estando vigentes, por ejemplo, también puede activar y desactivar la negrita pulsando las teclas **CONTROL + N** como siempre).

Hay un modo sencillo de acceder a los botones de la cinta. Consiste simplemente en pulsar y soltar la tecla **ALT**. Luego, se emplean las teclas del cursor para desplazarse por las fichas y los botones hasta que se alcanza el que se desea activar, momento en el que se pulsa **INTRO**.

Además, al llevar el ratón sobre un botón u otro elemento de la cinta y mantenerlo ahí detenido unos instantes, aparece un cuadro de ayuda que informa sobre la función de ese elemento.

1.9 GUARDAR DOCUMENTOS

Una de las ventajas más importantes que ofrece el tratamiento digital de la información por parte de la máquina es que permite almacenar el trabajo que vamos desarrollando para emplearlo en el futuro o continuar desarrollándolo sin perder su anterior contenido.

En la mayor parte de las aplicaciones informáticas a esta función se la denomina guardar el documento. En Excel, para guardar el documento únicamente debemos pulsar el botón 🖫 de la barra de inicio rápido, o bien, desplegar el botón de Office y seleccionar **Guardar**.

Siempre que se guarda un documento por primera vez, es necesario darle un nombre que nos sirva para reconocerlo en el futuro. De ahí que en esas ocasiones obtengamos una ventana en pantalla en la que debemos hacerlo, así como seleccionar el lugar en el que vamos a almacenar la información. Para ello, Excel ofrece el siguiente cuadro de diálogo:

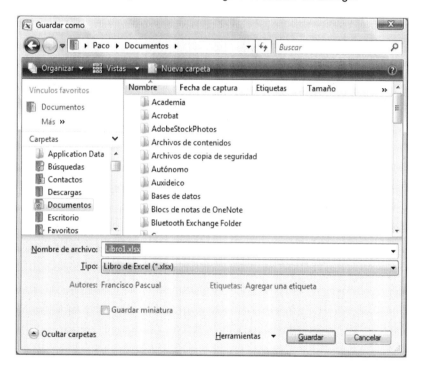

1. Se emplea el cuadro de texto **Nombre de archivo** para teclear el nombre del documento.

2. Encima del cuadro anterior, existe otro mayor en el que podemos ver representadas las carpetas y unidades de disco disponibles en nuestro equipo. Ahí seleccionaremos el lugar en el que deseamos depositar nuestro libro. Por ejemplo, la carpeta **Documentos** (o

Mis Documentos) es un buen lugar, si bien, cuando hayamos escrito muchos documentos sería aconsejable crear otras carpetas para mantenerlos bien organizados por temas y encontrarlos fácilmente. Así, si deseamos crear una carpeta sólo hay que situarse antes en aquella, dentro de la que deseamos crear la nueva, pulsar el botón Nueva carpeta y darle nombre a la nueva carpeta (uno que sea bien descriptivo de lo que va a contener).

3. Es necesario pulsar el botón Guardar para que Excel reciba la orden de almacenar el documento en el disco con el nombre y en la carpeta elegidos.

Si no es la primera vez que se archiva el documento, el cuadro anterior no aparece y Excel se limita a actualizar el documento guardando los cambios que hayamos hecho desde la última vez que se grabó el documento. Si se necesita volver a acceder al cuadro de diálogo anterior para, por ejemplo, guardar el texto en otro sitio, debemos desplegar el botón de Office y seleccionar **Guardar como**, en lugar de **Guardar**.

1.9.1 Práctica demostrativa

Utilice el botón para guardar el documento que creó en la última práctica.

En el cuadro de diálogo que aparezca, teclee como **Nombre de Archivo** la frase *Gastos*.

Cuando haya terminado, cierre el documento, por ejemplo, desplegando el botón de Office y seleccionando **Cerrar**.

1.10 ABRIR DOCUMENTOS

Puesto que un documento se puede guardar para ser empleado en el futuro, debemos de disponer de otra función que nos permita acceder a él para continuar trabajando en su contenido o simplemente para leerlo.

En la mayor parte de las aplicaciones informáticas a esta función se la denomina abrir el documento. En Excel, para abrir el documento únicamente debemos desplegar el botón de Office y seleccionar **Abrir**.

Podemos apreciar que el cuadro de diálogo que se ofrece es prácticamente idéntico al de guardar documentos:

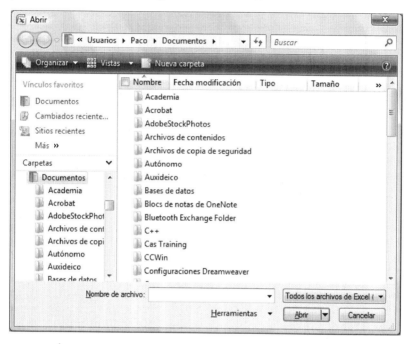

Únicamente debemos localizar la carpeta en la que se encuentra el documento y cuando lo veamos en el cuadro hacer doble clic en él para mostrarlo y seguir trabajando con él (o podemos hacer un solo clic en el documento y luego pulsar el botón Abrir).

También se puede localizar la carpeta y escribir el nombre del documento en **Nombre de archivo**. En cualquier caso, el sistema abre el documento y lo sitúa en pantalla tal y como lo dejáramos en su momento, de forma que podremos continuar trabajando con él como si acabáramos de teclearlo.

Excel ofrece, a la derecha del menú que muestra **Botón de Office**, una lista con los últimos documentos que haya empleado en el programa. Puede elegir cualquiera de ellos para abrirlo de nuevo fácilmente.

A la derecha de cada documento de esa lista se encuentra el icono . Se pulsa para fijar los que se desea que siempre aparezcan en ella. Así se tendrá acceso rápido a esos documentos indefinidamente.

	Documentos recientes
Nuevo	1 Tabla dinámica con base de datos.xls
Abrir	2 Gastos.xls
	3 Balance.xls
Guardar	4 Balance.xls
	5 Test Photoshop.xls
Guardar como ▶	6 Plantilla Leon Felipe.xls
	7 AFDI León Felipe Sesión 2.xls
Imprimir ▶	8 AFDI León Felipe Sesión 2 b.xls
	9 EMPRESA.xls
Preparar ▶	
Enviar ▶	
Publicar ▶	
Cerrar	

1.10.1 Práctica demostrativa

Acceda a Excel, despliegue el botón de Office y seleccione **Abrir**.

Localice la carpeta en la que guardó el documento *Gastos*, haga clic en él y pulse el botón [Abrir ▼].

Cierre el documento, por ejemplo, desplegando el botón de Office y seleccionando **Cerrar**.

Despliegue el botón de Office y, en su parte derecha, localice el documento *Gastos*.

1.11 NUEVOS LIBROS DE TRABAJO

Para acceder a un nuevo libro de trabajo vacío y rellenarlo, se utiliza la opción **Nuevo** del **Botón de Office**, lo que ofrece un cuadro de diálogo como el siguiente:

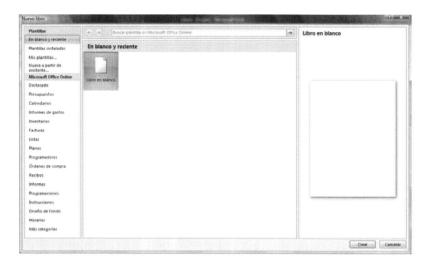

Con esta ventana podremos especificar qué clase de documento nuevo deseamos crear. Permite elaborar uno con formato específico para un determinado trabajo, ahorrándonos la tarea de tener que definirlo nosotros.

Por ejemplo, si se va a crear una factura, en la lista de plantillas de la **Izquierda** se puede seleccionar **Facturas**, que ofrecerá varios tipos.

Para crear un documento vacío active el icono **Libro en blanco** en las **Plantillas** pertenecientes a **En blanco y reciente**.

1.11.1 Práctica demostrativa

Abra el documento *Gastos*. Observe que este documento dispone de espacio en blanco bajo lo ya escrito, así como a su lado y que podríamos añadir más datos tecleándolos en las celdas correspondientes.

Si necesita trabajar con un libro diferente, no debe continuar escribiendo en el que tiene abierto añadiendo más hojas, sino agregando a su carpeta del disco otro u otros que contengan una temática diferente, luego, si despliega el botón de Office y selecciona **Nuevo** obtendrá un documento vacío, listo para ser rellenado con texto.

1.12 SELECCIÓN DE CELDAS

Puesto que es habitual que en una gran cantidad de ocasiones necesitemos aplicar funciones a varias celdas de nuestra hoja, disponemos de la posibilidad de indicar a cuáles va a afectar la siguiente función que apliquemos. A esta tarea la llamamos seleccionar las celdas. Así, si deseamos, por ejemplo, cambiar el color del texto de varias celdas, las seleccionamos primero y aplicamos la función de cambio de color después.

Para seleccionar un rango de celdas tenemos varias posibilidades:

1. Manteniendo pulsada la tecla de **MAYÚSCULAS**, se emplean las teclas de los **CURSORES** (flechas). Al hacerlo, el bloque se marca en la pantalla. También pueden emplearse, manteniendo pulsada la tecla de **MAYÚSCULAS**, todas las teclas de desplazamientos por las celdas.

2. El bloque puede marcarse también con el ratón llevando el puntero a una celda cualquiera, haciendo clic allí y, sin dejar de pulsar el botón, arrastrar el ratón hasta llevarlo al final del bloque deseado.

3. Se puede seleccionar una columna completa haciendo clic sobre su cabecera (A, B, C, etc.). Si se trata de varias columnas, se hace clic y, sin soltar el botón del ratón, se arrastra a la izquierda o la derecha hasta seleccionar las columnas.

4. Se puede seleccionar una fila completa haciendo clic sobre su cabecera (1, 2, 3, etc.). Si se trata de varias filas, se hace clic y, sin soltar el botón del ratón, se arrastra hacia arriba o hacia abajo hasta seleccionar las filas.

5. Se pueden seleccionar varias celdas, filas o columnas que estén separadas manteniendo pulsada la tecla de **CONTROL** y haciendo varios clics en los lugares clave: celdas sueltas, varios bloques de celdas (haciendo clic y arrastrando), columnas, filas, etc.

6. Se puede seleccionar toda una hoja de cálculo haciendo clic en el botón donde se cruzan los encabezados de las filas y las columnas.

1.13 MOVER Y COPIAR BLOQUES

Un bloque seleccionado de celdas puede desplazarse o duplicarse cuando sea necesario de un modo sencillo:

1. Si se trata de cambiarlo de lugar, una vez que se han seleccionado las celdas se pulsan las teclas **CONTROL + X** (a lo que llamamos *Cortar*) que memorizan su contenido en el portapapeles de Windows. A continuación, hay que desplazarse a la parte de la hoja (o de otro programa) en la que deseamos llevar esos datos y utilizar las teclas **CONTROL + V** (a lo que llamamos *Pegar*).

2. Si se trata de duplicar la información contenida en las teclas en otro lugar, una vez que se han seleccionado las celdas se pulsan las teclas **CONTROL + C** (a lo que llamamos *Copiar*), que memorizan su contenido en el portapapeles de Windows. A continuación, hay que desplazarse a la parte de la hoja (o de otro programa) en la que deseamos llevar esos datos y utilizar las teclas **CONTROL + V** (a lo que llamamos *Pegar*).

Se pueden realizar las mismas tareas haciendo clic en el borde de las celdas seleccionadas y arrastrando con el ratón hasta otro lugar. Si se mantiene pulsada la tecla de **CONTROL** durante el proceso obtenemos una copia de las celdas originales, mientras que si no es así el sistema se limitará a moverlas a otra parte.

1.13.1 Práctica demostrativa

1. Abra el libro *Gastos* que diseñó en los ejercicios anteriores.

2. Seleccione todas las celdas que contienen datos escritos. En principio debería ser el rango **A1:F17**, es decir, desde la celda **A1** hasta la **F17**.

3. Pulse **CONTROL + C** (*Copiar*) para que el sistema memorice esa información.

4. Acceda a la celda **H1** y pulse **CONTROL + V** (*Pegar*) para que el sistema deposite ahí lo que se copió antes.

5. En la celda **H1** teclee el texto *Porcentaje* para sustituir el que había ahí por el nuevo.

6. Seleccione el rango de celdas **I3:M14** y pulse la tecla **SUPR** para eliminar su contenido. Los valores inferiores cambiarán (uno de ellos incluso dará error), al no disponer de datos que calcular; sin embargo, no los borraremos, ya que posteriormente colocaremos otros datos que obligarán a esas fórmulas a calcular nuevos resultados.

7. Guarde el documento en el disco para futuras mejoras.

1.14 REFERENCIAS ABSOLUTAS Y RELATIVAS

Si una celda que se copia contiene una fórmula, al pegarla en otra realiza la misma operación dictada por la fórmula, si bien, adaptándose a los datos situados en la nueva posición. Así, si la fórmula original copiaba los datos de tres celdas situadas por encima, la copia hace lo mismo con los de las tres celdas que se encuentren por encima del lugar en el que se deposita la copia.

Este sistema funciona debido a que, cuando se pegan celdas con fórmulas, Excel comprueba en qué dirección se hace para cambiar las referencias de la fórmula adecuadamente. Así, si una fórmula contiene entre sus operandos el dato A1 y la celda se copia una posición a su derecha, Excel cambia el valor A1 por B1 teniendo en cuenta la nueva situación de la fórmula y, si hay datos en B1, los utiliza para resolver el cálculo.

Estas referencias que cambian cuando se copia la fórmula se denominan relativas. Sin embargo, existen casos en los que sería interesante que Excel no modifique la referencia de alguna parte de la fórmula o en todas las referencias de la misma.

Cuando esto es necesario se emplean referencias absolutas que llevan como distintivo el símbolo $ (dólar) en cada uno de los componentes de la referencia. Por ejemplo, la referencia relativa **B5** se transforma en absoluta añadiéndole dicho símbolo a la B y al 5: **B5**. Cada símbolo $ representa una parte de la referencia que quedará fija cuando se copie y así, cuando una fórmula tiene la referencia de una celda escrita de esta forma y es copiada en otras celdas, no cambia. Resulta útil cuando parte de la fórmula depende de un valor solitario escrito en una celda aislada, ya que en el momento de copiar la fórmula en otras celdas, ese valor se encuentra solo y no repetido en las celdas contiguas.

La tecla **F4** cambia las referencias añadiendo los símbolos dólar o quitándolos si ya estaban escritos. Simplemente hay que situarse en una referencia de cualquier fórmula (viendo que el cursor parpadea en dicha referencia) y se pulsa **F4**.

1.14.1 Práctica demostrativa

1. Abra el libro *Gastos* que ha ido diseñando en los ejercicios anteriores.

2. Sitúese en la celda **O1** (letra O, fila 1) y escriba *Valor del porcentaje*.

3. En la celda **O2** escriba *10%*.

4. Sitúese en la celda **I3** (debería corresponder al dato de *Enero* del *Sr. López*) y teclee la siguiente fórmula:

    =B3*O2

    Con ello estamos solicitando a Excel que multiplique el valor escrito en la celda **B3** por el que está en **O2**. B3 es una referencia relativa por lo que cuando la copiemos, cambiará por otra referencia, mientras que O2 es absoluta y no cambiará en ningún caso.

5. Sitúese en la celda **I3** y copie su contenido pulsando las teclas **CONTROL + X**.

6. Seleccione el rango de celdas **I4:I14** correspondientes a los meses *Febrero* a *Diciembre* del *Sr. López*. Pulse las teclas **CONTROL + V** para duplicar la fórmula ahí. La referencia relativa se encargará de cambiar las fórmulas para que se adapten a cada mes, mientras que la referencia absoluta será inamovible y empleará en todos los casos el valor situado en la celda **O2**.

7. Seleccione el rango de celdas **J3:M14** y pegue ahí también la fórmula (podrá seguir haciéndolo mientras los guiones animados rodeen a la fórmula original).

8. Guarde el resultado en el disco.

La ventaja de emplear las referencias es que puede modificar los valores en sus celdas originales y que afecten a todos los resultados. Por ejemplo, acceda a la celda **O2** y cambie *10%* por *20%* y podrá ver cómo todas las celdas de la fórmula cambian de valor.

Capítulo 2

DANDO FORMA A LOS DATOS
....

Gracias a ciertas funciones de Excel, podemos dar forma a nuestros datos para que ofrezcan un mejor aspecto y resulten más legibles.

Se trata de los denominados formatos: alinear el texto, cambiar la letra, aplicar bordes a las celdas, etc.

2.1 FORMATOS PARA CELDAS

Existen funciones de formato que pueden afectar a una sola celda y aplicarse igualmente a varias si antes se seleccionan.

Para aplicar los formatos a las celdas de la hoja se pulsan las teclas **CONTROL + 1** (también se puede acceder pulsando el botón 🔲 en cualquiera de los grupos **Fuente**, **Alineación** o **Número** de la ficha **Inicio** en la cinta de opciones). Se obtiene un cuadro de diálogo en el que se especifican los datos de formato.

Si se está escribiendo en una celda (puede saberse porque el cursor de texto estará parpadeando dentro de ella), lo único que podrá cambiarse serán las fuentes y sus funciones derivadas, de las cuales hablaremos un poco más adelante.

El cuadro de diálogo se divide en fichas, cada una de las cuales tiene funciones de trabajo diferentes.

1. La ficha **Número** contiene los datos necesarios para que Excel muestre las cifras con un aspecto que mejore su presentación y legibilidad. Así, aunque el usuario teclee en esas celdas un valor escrito de forma simple, el formato se encargará de añadir caracteres y colores para que resulte más completo (separador de millares, un número fijo de decimales, una coletilla con unidades –euros, centímetros, etc. –).

- Lo primero que obtenemos es una lista titulada **Categoría**, con la que podrá especificar el nombre del formato (por ejemplo, *Moneda*). En el grupo Número de la ficha Inicio, observará que existen varios botones para trabajar con los formatos numéricos. Estos botones son: ⬛ ▾ (Estilo contabilidad), % (Estilo porcentual) y ⬛ (Estilo millares). También se puede desplegar la lista

General ▾ .

- Cada uno de los formatos de la lista puede generar más datos añadidos al cuadro de diálogo. Así, si elegimos **Contabilidad**, aparecen en el cuadro dos botones más: **Posiciones decimales**, que permite indicar cuántos decimales aparecerán en las celdas, y **Símbolo**, que permite elegir un símbolo monetario para los números de las celdas. Al igual que **Contabilidad**, el resto de las opciones de la lista pueden generar otros datos similares para concretar aún más el formato que tendrán los números en las celdas. Hay dos botones relacionados con este tema en el grupo **Número** de la ficha **Inicio**: 🔢, que aumenta el número de cifras decimales, y 🔢, que lo disminuye.

- No obstante, si ninguno de los códigos de formato le satisface, puede crear uno propio con el elemento **Personalizada**, gracias al cual podrá diseñar sus plantillas escribiéndolas en el cuadro de texto **Tipo**. Las plantillas personalizadas pueden borrarse de la lista seleccionándolas y pulsando el botón ⬚ Eliminar ⬚, que aparece al elegir **Personalizada**.

2. La ficha **Alineación** permite establecer la posición de los datos dentro de las celdas que los contienen. Puede ver su aspecto en la página siguiente:

- La lista desplegable **Horizontal** le permite especificar la alineación de izquierda a derecha. La opción **General** alinea los datos dependiendo de su tipo: los textos a la izquierda de la celda y los números a la derecha (para preservar la concordancia de unidades, decenas, centenas, etc.). En el grupo **Alineación** de la ficha **Inicio** existen tres botones relacionados con estas funciones: ▤ (**Alinear a la izquierda**), ▤ (**Centrar**) y ▤ (**Alinear a la derecha**).

- En el grupo **Vertical** se especifica la alineación de arriba abajo. Por ejemplo, **Superior** acerca el texto a la parte superior de la celda.

- Con el cuadro de texto **Sangría** se podrán sangrar los datos en las celdas según la medida que teclee en él (colocándolos ligeramente hacia dentro de la celda).

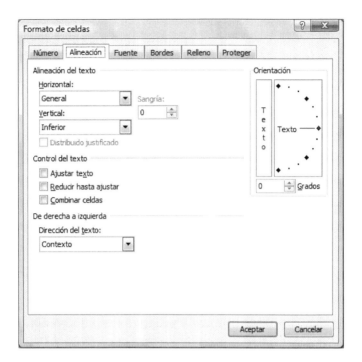

- Con el grupo **Orientación** se establece la inclinación de los datos de las celdas. Desplace el punto rojo arriba o abajo por el semicírculo para establecer la inclinación, o bien, escriba el ángulo en **Grados**. También se puede escribir el texto de forma vertical.

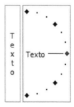

- Si se activa la casilla **Ajustar texto**, Excel distribuirá un texto que es más ancho que una celda de modo que no sobresalga de la columna, para lo cual, amplía la altura de la fila y coloca el exceso de texto en varias líneas dentro de la misma celda.

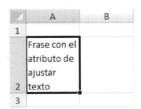

- **Reducir hasta ajustar.** Si el texto de una celda es lo bastante grande como para sobresalir de la columna, esta función reduce el tamaño de la letra hasta que encaje todo dentro de la celda.

- **Combinar celdas.** Une varias celdas que se hayan seleccionado en una sola. Gracias a esta función se podrán colocar datos como en el ejemplo siguiente.

	A	B	C
1		Olga Zana	
2	Primer curso	Eva Porada	
3		Ana Tomía	
4		Blas On	
5			

El dato Primer curso *está escrito en una celda combinada*

- **Dirección del texto.** Permite elegir el flujo de texto en cuadros de texto y controles de edición. Podremos elegir como dirección **De izquierda a derecha** o **De derecha a izquierda**, aunque también se puede basar la dirección en el **Contexto** de la primera letra fuerte que se encuentre. Esta función no es útil si no emplean cuadros de texto o controles de edición.

- También relacionado con estas funciones, pero de un modo especial, está el botón **Combinar y centrar** (⊞▾) también en el grupo **Alineación** (ficha **Inicio** de la cinta de opciones). Este botón permite centrar el dato cuando se han seleccionado varias columnas, de modo que el texto queda situado entre ellas.

Se seleccionan las columnas y se pulsa   El resultado
el botón

3. La ficha **Fuentes** permite cambiar los tipos de letra de los datos de las celdas. El aspecto que presenta esta ficha es el siguiente:

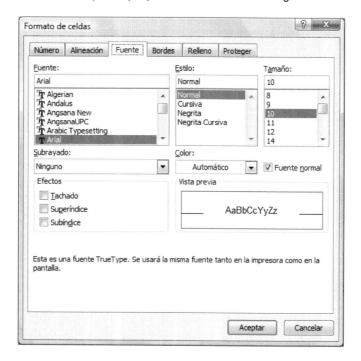

- La lista **Fuente** ofrece una relación con todos los tipos de letra. Puede elegir uno de ellos para aplicar a las celdas seleccionadas. El tipo de letra básico puede elegirse también desde la barra de herramientas.

- Con **Estilo** puede modificarse el aspecto del tipo de letra que se haya elegido en la lista **Fuente**, dándole atributos como negrita, subrayado, etc. Puede utilizar estos tres botones del grupo **Fuente** (cinta de opciones, ficha **Inicio**) para modificar los estilos: **N** (**Negrita**), *K* (*Cursiva*) y <u>S</u> (<u>Subrayado</u>).

- **Tamaño** se emplea para ampliar o reducir las dimensiones de la letra. El tamaño se ofrece medido en puntos y su valor inicial es de 10 puntos. Un número mayor amplía el tipo de letra mientras que uno menor lo reduce. En el grupo **Fuente** (de la ficha **Inicio** en la cinta de opciones) se puede modificar el tamaño de la letra: la lista 11 muestra el tamaño actual de la letra (por ejemplo, 11 puntos).

- Se puede modificar el **Subrayado** con línea **Simple**, **Doble**, **Simple contabilidad** y **Doble contabilidad**. Los subrayados de contabilidad subrayan hasta el final de la celda, aunque el texto sea tan corto que no alcance el borde derecho de ésta.

- Elija un **Color** de tinta para la letra utilizando la lista que lleva ese nombre. Puede accederse también a esta función mediante el botón **A** que existe en la parte inferior derecha del grupo **Fuente** (en la ficha **Inicio** de la cinta de opciones).

- Si se activa la casilla **Fuente normal**, Excel eliminará todos los atributos, subrayados, etc., que se hubiesen añadido a la celda o celdas, de modo que su texto tendrá el tipo de letra normal.

- Tres atributos más son los **Efectos**: ~~Tachado~~, ^{Superíndice} y $_{Subíndice}$.

- El cuadro de Vista **previa** presenta una muestra en la que se puede ver el resultado de trabajar con esta ficha.

4. La ficha **Bordes** permite asignar un marco a las celdas (la hemos mostrado en la página siguiente):

- Para que esta ficha funcione correctamente hay que comenzar por elegir el **Estilo**. Puede establecerse el aspecto de las líneas que conformarán los bordes, eligiendo, entre otras, líneas más gruesas o construidas a base de guiones o puntos.

- Se continúa seleccionando el **Color** de los bordes.

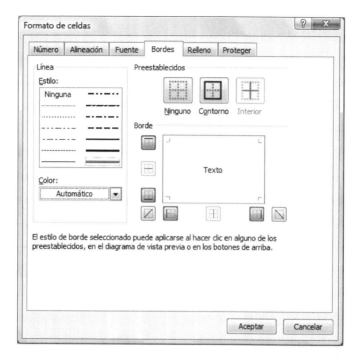

- Por último, se elige qué bordes de la(s) celda(s) se van a cambiar: **Ninguno** (elimina todo tipo de bordes), **Contorno** (los cuatro bordes), **Interior** (bordes internos de las celdas seleccionadas), o uno de los botones del grupo **Borde**, que permiten activar la línea de borde por ciertos lugares de la celda. Para este trabajo podemos utilizar igualmente el botón de **Bordes** (⊞▾) del grupo **Fuente** (ficha **Inicio** de la cinta de opciones).

5. La ficha **Relleno** se utiliza para modificar el color y tramado de fondo de las celdas (véala en la página siguiente):

- Se utiliza **Color** para establecer uno de fondo para la(s) celda(s). Puede asignar colores a las celdas mediante el botón **Color de relleno** (◇▾) del grupo **Fuente** (ficha **Inicio** de la cinta de opciones). Puede eliminar el color de relleno mediante el botón **Sin color**.

- **Trama** permite aplicar un tramado al fondo de las celdas con el color elegido (un fondo rayado, punteado, en red, etc.).

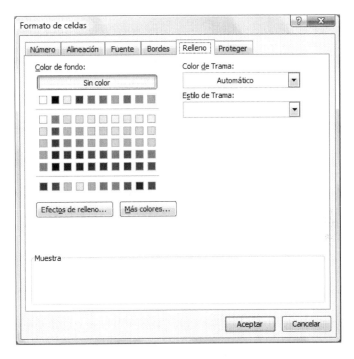

6.   La ficha **Proteger** tiene dos funciones, que se utilizan cuando se trabaja con datos importantes. Estas funciones se utilizan mediante dos casillas de verificación. Puede ver la ficha en la figura de la página siguiente:

- Si se activa **Bloqueada**, no se podrán modificar o borrar los datos de las celdas seleccionadas.

- Si se activa **Oculta**, no se podrán ver los datos de esas celdas.

Como el mismo cuadro advierte, estas dos casillas no funcionan si no se protege la hoja de cálculo completa. Para ello, se accede a la ficha **Revisar**, y se pulsa el botón **Proteger hoja** de su grupo **Cambios** (siempre en la cinta de opciones).

2.1.1 Práctica demostrativa

1. Abra el libro *Gastos* que ha ido diseñando en los ejercicios anteriores.

2. Haga clic en la celda **A1** y arrastre el ratón, sin soltar su botón, hasta la celda **F1** para seleccionar todas las intermedias.

3. Pulse el botón **Combinar y centrar** (⊞▾ en el grupo **Alineación** de la ficha **Inicio** en la cinta de opciones) para que el dato *Gastos* se sitúe automáticamente en el centro de esas celdas.

4. Aplique el estilo negrita (teclas **CONTROL + N**), un tamaño de **18** puntos y color azul para la letra (grupo **Fuente** de la ficha **Inicio**).

5. Seleccione las celdas **B2** a **F2** y aplíqueles la alineación centrada, el color rojo para la letra y el estilo negrita.

6. Seleccione las celdas **A3** a **A14** y aplíqueles la alineación derecha y el estilo negrita.

7. Seleccione las celdas **B3** a **F14** y aplíqueles el estilo numérico **Moneda** (grupo **Fuente** de la ficha **Inicio**).

8. Seleccione las filas alternas (3, 5, 7, etc.) y aplíqueles un color suave de fondo.

9. Seleccione todas las celdas con datos y aplíqueles un borde fino y sencillo.

Un ejemplo con el resultado sería:

	A	B	C	D	E	F
1				GASTOS		
2		*Sr. López*	*Sr. Gómez*	*Sr. Pérez*	*Sr. García*	*Sr. González*
3	Enero	1.000,00 €	800,00 €	900,00 €	2.000,00 €	3.000,00 €
4	Febrero	1.100,00 €	1.000,00 €	1.000,00 €	1.900,00 €	2.800,00 €
5	Marzo	1.200,00 €	1.200,00 €	1.100,00 €	1.800,00 €	2.600,00 €
6	Abril	1.300,00 €	1.400,00 €	1.200,00 €	1.700,00 €	2.400,00 €
7	Mayo	1.400,00 €	1.600,00 €	1.300,00 €	1.600,00 €	2.200,00 €
8	Junio	1.500,00 €	1.800,00 €	1.400,00 €	1.500,00 €	2.000,00 €
9	Julio	1.600,00 €	2.000,00 €	1.500,00 €	1.400,00 €	1.800,00 €
10	Agosto	1.700,00 €	2.200,00 €	1.600,00 €	1.300,00 €	1.600,00 €
11	Septiembre	1.800,00 €	2.400,00 €	1.700,00 €	1.200,00 €	1.400,00 €
12	Octubre	1.900,00 €	2.600,00 €	1.800,00 €	1.100,00 €	1.200,00 €
13	Noviembre	2.000,00 €	2.800,00 €	1.900,00 €	1.000,00 €	1.000,00 €
14	Diciembre	2.100,00 €	3.000,00 €	2.000,00 €	900,00 €	800,00 €
15	Total empleado	16.712,00 €	20.212,00 €	15.612,00 €	16.312,00 €	21.612,00 €
16	Media empleado	1.392,67 €	1.684,33 €	1.301,00 €	1.359,33 €	1.801,00 €

2.2 FORMATOS PARA FILAS, COLUMNAS Y HOJAS

Excel permite modificar las características de una fila completa de celdas, una columna o una hoja (incluso varios de ellos que se hayan seleccionado antes). Las opciones que se ofrecen para este trabajo se pueden activar desplegando el botón ⊞ Formato ▾ del grupo **Celdas** en la ficha **Inicio** de la cinta de opciones. Esta opción ofrece un menú:

1. Con la opción **Alto de fila** se modifica la altura de la fila (o filas) seleccionada(s). Al activarla disponemos de un cuadro de diálogo en el que sólo hay que utilizar el cuadro de texto **Alto de fila** para alterar el tamaño (**15** puntos es el valor normal de altura para filas).

También se pueden emplear las líneas que separan las filas en el encabezado. Se sitúa el ratón en una de estas líneas, se hace clic en ella y, sin soltar el botón del ratón, se arrastra hacia arriba o hacia abajo hasta que se obtiene el tamaño deseado. Al liberar el botón del ratón, la fila adopta el nuevo tamaño.

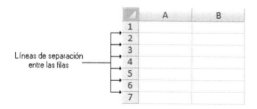

2. Con la opción **Autoajustar alto de fila** se modifica la altura de las filas automáticamente hasta que el texto contenido en sus celdas encaja perfectamente.

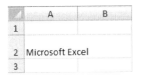   

3. Con el **Ancho de columna** se modifica la anchura de la columna (o columnas) seleccionada(s). Al activarla se emplea el cuadro de texto **Ancho de columna** para variar ésta. Su valor por defecto es **10,71** puntos.

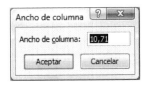

    También puede modificarse utilizando las líneas que separan las columnas en el encabezado:

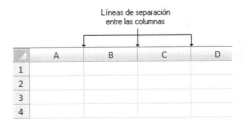

    Se Lleva el ratón hasta una de estas líneas y se arrastra hacia la izquierda o la derecha hasta que se obtiene el tamaño deseado. Al liberar el botón del ratón, la columna adoptará el nuevo tamaño.

4. Con **Autoajustar ancho de columna** se acomoda el ancho de la columna automáticamente con respecto a su contenido. Esta función también puede realizarse haciendo doble clic en una línea de separación entre las columnas (en el encabezado).

5.   **Ancho predeterminado** permite especificar cuál será la anchura normal para todas las columnas de la hoja de cálculo. El tamaño habitual de una columna es de **10,71** puntos. Si se cambió antes el ancho de alguna columna, ésta no variará.

6.   **Ocultar y mostrar** ofrece un pequeño menú con el que se puede hacer desaparecer y reaparecer filas, columnas y hojas. En el caso de columnas y filas, después de ocultarlas, es necesario seleccionar las que las rodean para poder hacerlas reaparecer (ellas mismas no pueden seleccionarse, ya que no se ven en ese momento). En el caso de las hojas, simplemente aparece un cuadro de diálogo en el que seleccionamos las hojas ocultas que deseamos volver a mostrar.

7.   **Cambiar el nombre de la hoja** permite modificar el nombre de las etiquetas de las hojas (*Hoja1*, *Hoja2*, etc.). Excel lleva a la pestaña esperando a que cambiemos el nombre actual por otro. También se puede realizar haciendo doble clic en la etiqueta, escribiendo el nuevo nombre y pulsando **INTRO**.

8.   **Mover o copiar hoja** permite cambiar de posición una hoja con respecto a las demás, o bien, duplicar una (en este caso si se necesitan dos o más hojas muy parecidas, ya que entonces sólo habrá que realizar los cambios en lugar de crear y diseñar todo de nuevo). Esta opción lleva a un cuadro de diálogo que puede ver en la página siguiente.

En dicho cuadro de diálogo se elige la hoja en la lista para indicar la posición a la que se desplazará la que se va a mover (o copiar). No hay que olvidarse de activar la casilla **Crear una copia** si se va a duplicar la hoja en lugar de moverla. Se puede llevar al mismo libro con el que se esté trabajando o a otro que esté abierto, lo que se indica desplegando la lista **Al libro**.

9. **Color de etiqueta** permite elegir un color con el que marcar la etiqueta de la hoja.

En la ficha **Diseño de página** de la cinta de opciones, en el grupo **Configurar página**, haga clic en **Fondo** y podrá añadir una imagen que aparecerá como fondo en la hoja de cálculo.

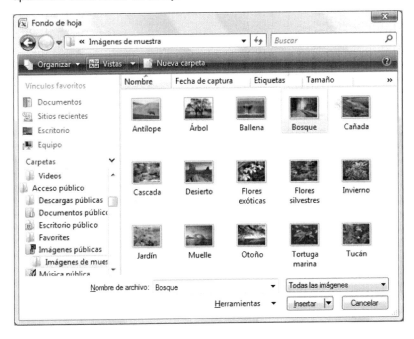

Como puede verse en la figura anterior, el cuadro que se obtiene es idéntico al de abrir libros de trabajo y se emplea para elegir la imagen que irá de fondo de la hoja, rellenándola (como si se tratase de azulejos en una pared). Sería recomendable emplear imágenes que tengan colores uniformes (todos claros o todos oscuros) para que no interfiera con los datos de la hoja. Si se necesita eliminar el fondo de una hoja de cálculo, se vuelve a acceder a la ficha **Diseño de página** de la cinta de opciones en el grupo **Configurar página** y, donde antes existía el botón **Fondo**, ahora estará **Eliminar fondo**. También deberá hacerse esto si se va a cambiar un fondo por otro, puesto que primero deberá eliminar el antiguo para luego aplicar el nuevo.

2.2.1 Práctica demostrativa

1. Abra el documento *Gastos* que diseñó en los ejercicios anteriores.

2. Haga clic en la línea divisoria que separa las filas 2 y 3 (justo entre esas dos cifras a la izquierda de las filas) y, sin soltar el botón del ratón, arrastre hacia abajo para ampliar la fila.

3. Si aún dispone de alguna columna cuyo contenido no se ajuste a la anchura, haga doble clic en la separación de la cabecera entre esa columna y la siguiente (por ejemplo, si se trata de la columna *A*, haga clic en la línea divisoria existente entre la *A* y la *B*).

4. Haga doble clic en la etiqueta de la *Hoja1* y escriba, en su lugar el nombre *Gastos* pulsando **INTRO** después.

5. Guarde en el disco los cambios realizados.

2.3 ELIMINAR FORMATOS

Puede eliminarse cualquier formato, devolviendo a las celdas su aspecto original, mediante el uso del botón situado en el grupo **Modificar** de la ficha **Inicio** en la cinta de opciones. Recuerde que puede seleccionar varias celdas antes de eliminar sus formatos. Esta opción genera un pequeño menú como el que mostramos en la figura siguiente.

1. Elija **Borrar todo** para eliminar tanto los formatos como los datos escritos en las celdas seleccionadas.

2. Elija **Borrar formatos** para eliminar sólo los formatos de las celdas seleccionadas, dejando escritos los datos que hayamos tecleado en ellas.

3. Elija **Borrar contenido** para borrar únicamente los datos escritos de las celdas dejando sus formatos activos.

4. Elija **Borrar comentarios** para borrar las anotaciones de la hoja de cálculo (éstos se añaden en el grupo **Comentarios** de la ficha **Revisar** en la cinta de opciones, haciendo clic en el botón **Nuevo comentario** y aparecen como una esquinita amarilla en la celda en la que se insertan).

2.4 CONFIGURAR PÁGINA

A la hora de dar forma a las hojas de Excel, también hay que tener en cuenta la función **Configurar página**, que contiene varios elementos relativos al aspecto general de cualquier hoja de cálculo, pensados para mejorar su presentación y a la hora de realizar una impresión. Sus funciones se encuentran en la ficha **Diseño de página** de la cinta de opciones:

En el grupo **Configurar página** se manejan funciones acerca de cómo se imprimirán los datos de la hoja de cálculo en las de papel. Aparte de los botones que ofrece el grupo en sí, disponemos del botón 🔲 en su esquina inferior derecha que lleva a un cuadro de diálogo con todas las funciones disponibles:

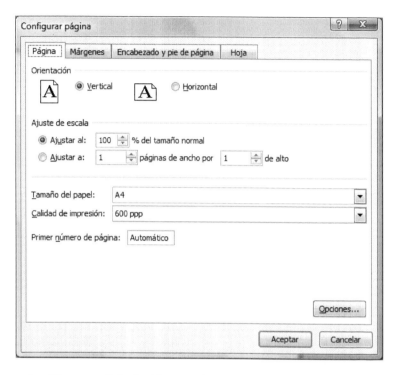

1. El grupo **Orientación** permite establecer cómo se desea que aparezcan los datos en la hoja de papel: de forma **Vertical** (que es el modo normal) o apaisada (con el botón **Horizontal**).

2. El grupo **Ajuste de escala** permite ampliar o reducir el tamaño de los datos en la página de forma proporcional, generalmente para ajustarlos a las hojas de papel. Esto se realiza mediante un porcentaje (con **Ajustar al**) en el que **100%** es el tamaño normal, o bien con el botón **Ajustar a** en el que se indica cuántas páginas deseamos obtener por cada hoja.

3. Se puede elegir el tamaño de la hoja de papel, según sus dimensiones, con la lista que ofrece **Tamaño del papel**.

4. **Calidad de impresión** ofrece datos para realizar una impresión con mayor o menor nivel de perfección. Para una mejor impresión se establece un valor más alto en *ppp* (puntos por pulgada).

5. Se puede establecer cuál será el **Primer número de la página** con el cuadro de texto que lleva su nombre. Normalmente suele activarse el modo **Automático**, pero sustituyendo esa palabra por un número se indica cuál será el encargado de iniciar la numeración.

Si se accede a la ficha **Márgenes** se pueden modificar sus distancias:

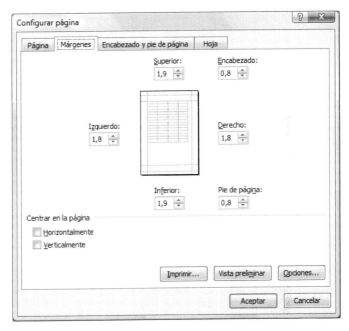

1. Se utiliza **Superior**, **Inferior**, **Izquierdo** y **Derecho** para establecer las distancias correspondientes de los márgenes de la hoja.

2. También pueden establecerse las medidas que separan el **Encabezado** del borde superior de la hoja de papel, así como el **Pie de página** del borde inferior de la misma.

3. Si se desea que los datos de la hoja de cálculo aparezcan centrados en la hoja de papel, se deben activar las casillas **Horizontalmente** y **Verticalmente**.

Con la ficha **Encabezado y pie de página** pueden añadirse un encabezado y un pie de página que se repetirá en todas las páginas que contengan datos que se vayan a imprimir:

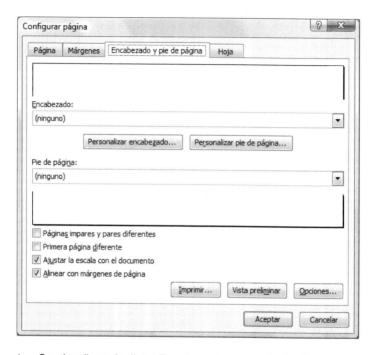

1. Se despliega la lista **Encabezado** para elegir el texto que se repetirá en la parte superior de todas las hojas de papel. Puede verse una muestra del resultado en el cuadro en blanco que aparece en la parte superior del cuadro de diálogo (este resultado sólo se ve al imprimir o al consultar el modo vista preliminar).

2. Igualmente, en la lista **Pie de página** puede elegirse el texto que se repetirá en la parte inferior de las hojas de cálculo (el resultado aparece sólo al imprimir o al consultar el modo vista preliminar).

3. Si ninguno de los modelos que ofrecen estas listas es adecuado, pueden añadirse un texto personalizado y sus atributos de aspecto mediante los botones Personalizar encabezado... y Personalizar pie de página..., que llevan a un cuadro de diálogo en el que se añade el texto en una de las secciones (**Sección izquierda**, **Sección central** o **Sección derecha**) para que el texto aparezca alineado así en la hoja de papel. También se utiliza la hilera de botones sobre dichas secciones para aplicar funciones como la fuente para el texto, añadir el número de página, la fecha, el nombre de la hoja, etc.

La ficha **Hoja** permite especificar las zonas de la hoja que se imprimirán y regula datos como los títulos que se imprimirán, otros detalles para imprimir las hojas de cálculo o el orden en que aparecerán las páginas, si bien, maneja también otras funciones que pasamos a ver:

Siempre que aparezca el botón 🔽 a la derecha de un cuadro de texto en Excel, puede utilizarlo para seleccionar un rango de celdas:

- Se pulsa el botón 🔽: el cuadro de diálogo se reduce para mostrar la hoja de cálculo.

- Se selecciona el rango de celdas con el ratón en la hoja.

- Se vuelve a pulsar el botón 🔽 (en el cuadro de diálogo que ha quedado reducido) para devolverlo a su tamaño normal y continuar el trabajo: el rango ya estará escrito.

1. El cuadro de texto **Área de impresión** permite establecer un rango de celdas de la hoja de cálculo cuyo contenido será lo único que se imprimirá.

2. El grupo **Imprimir títulos** tiene dos cuadros de texto para imprimir títulos en filas y columnas (en la parte externa de la hoja). Con **Repetir filas en extremo superior** debe establecerse la fila que se utilizará como título, aunque se puede indicar la dirección de una celda o de un grupo de ellas si son contiguas. Los pasos que se deben seguir son los mismos con **Repetir columnas a la izquierda**, y el resultado es que los títulos aparecen en las columnas en lugar de en las filas.

3. Con el grupo **Imprimir** se pueden especificar varios datos que Excel tendrá en cuenta a la hora de proporcionar datos por la impresora:

    - Si se opta por activar la casilla marcada como **Líneas de división**, Excel imprimirá las líneas que separan las celdas en las hojas de cálculo.

    - Con **Blanco y negro** se imprimen todos los datos de la celda en blanco y negro. Es aconsejable utilizar este botón si se utiliza una impresora en blanco y negro, ya que la calidad de los datos impresos será mayor. Si la impresora es en color, suele ser aconsejable no activar este botón para obtener una mayor calidad.

    - Se activa **Calidad de borrador** para obtener el resultado impreso en una calidad inferior. Las líneas que dividen las celdas no se imprimen y se consigue una mayor rapidez a la hora de imprimir, junto con el consiguiente ahorro de tinta.

- Con **Títulos de filas y columnas** se puede indicar si se desea que se impriman éstos o no. Suele ser aconsejable imprimirlos como guía para el papel de la hoja de cálculo que se imprime.

- En la lista desplegable **Comentarios** se puede elegir si se imprimen las anotaciones de celda de la hoja en la parte inferior de la hoja (**Al final de la hoja**), en las mismas celdas en que se encuentren (**Como en la hoja**), o bien, si no se imprimen (**ninguno**).

- Desplegando la lista **Errores de celdas como** se puede elegir si se desea que también aparezcan en el papel los errores que obtengamos en pantalla y en qué forma deben mostrarse. Por ejemplo, se elige **<espacio vacío>** para que los errores no aparezcan en el papel.

4. Los botones del grupo **Orden de las páginas** se emplean para establecer el orden en que se numerarán las páginas y la forma en que aparecerán impresos los datos cuando éstos excedan más de una página. Puede verse el esquema del cuadro que muestra cómo será el resultado.

En las cuatro fichas anteriores dispone de los siguientes botones:

- El botón Imprimir... lleva a las opciones de imprimir en papel.

- El botón Vista preliminar lleva a la vista previa de cómo queda, por el momento, la hoja de cálculo.

- El botón Opciones... muestra opciones estándar de Windows para la impresión de datos. Por ejemplo, al pulsar este botón, podremos indicar de nuevo si deseamos una impresión vertical o apaisada. Los elementos que aparezcan en el cuadro que se muestra son diferentes para cada impresora, dependiendo de sus posibilidades.

2.4.1 Práctica demostrativa

1. Abra el documento *Gastos* que ha ido desarrollando a lo largo de las prácticas anteriores.

2. En el grupo **Configurar página** de la ficha **Diseño de página**, pulse el botón 🔲. En la ficha **Página** del cuadro de diálogo que aparece, utilice **Ajustar al** para teclear un valor (probablemente *60%*) que consiga reunir en una sola página los dos grupos de datos de la primera hoja del libro.

3. Utilice la ficha **Encabezado y pie de página** para añadir, como **Encabezado**, uno de los modelos que ofrece esa lista.

4. Guarde los cambios en el disco.

Capítulo 3

MEJORAS DEL TRABAJO

Algunas de las funciones de Excel no están directamente relacionadas con la creación de sus datos y documentos, sino con facilitar su manejo, reduciendo el tiempo de diseño y aumentando la comodidad.

Es la finalidad de este capítulo detallar algunas de las funciones más prácticas para conseguir nuestro objetivo.

3.1 DESHACER Y REPETIR

Una de las funciones más importantes de la mayor parte de programas de usuario es la posibilidad de deshacer acciones que se realizan por error. Excel es uno de estos sistemas y permite anular las operaciones que se van elaborando.

Puede utilizarse para casos en los que, por equivocación, se realice una operación incorrecta o no satisfactoria. En ese caso pulse el botón 🔄 de la barra de herramientas de acceso rápido. Al activarla, lo último que haya hecho será anulado como si nunca lo hubiese realizado. Si a pesar de todo decide que lo primero estuvo bien, podrá volver a reactivarlo con el botón 🔁 de la misma barra de herramientas.

El primer botón es desplegable. Si se despliega, aparecerá una lista de las últimas funciones que hemos realizado en el documento para poder deshacerlas. Si, en la lista que aparezca, se elige alguna función intermedia, se anularán todas ellas desde la primera hasta la que se seleccione en la lista.

3.2 RELLENO AUTOMÁTICO DE DATOS: SERIES

Con esta función se puede rellenar automáticamente un rango de celdas. Se establece un valor inicial con el que comenzar el relleno y después se selecciona el bloque de celdas que se va a rellenar. Por ejemplo:

	A	B	C	D
1				
2		1		
3				
4				
5				
6				
7				
8				
9				

Como podemos ver, el dato **1** aparece en la fila superior de la columna derecha del bloque marcado. Ese número será el inicial que Excel utilizará para el relleno. Dicho relleno podrá ser repetitivo o progresivo.

Para rellenar el rango, en la ficha **Inicio**, en el grupo **Modificar**, despliegue el botón 🔽 (**Rellenar**) y, a continuación, en *abajo, derecha, arriba* o *izquierda*.

⬇	Hacia a_bajo
➡	Hacia la _derecha
⬆	Hacia _arriba
⬅	Hacia la i_zquierda
	_Otras hojas...
	_Series...
	_Justificar

1. Las opciones que comienzan por la palabra **Hacia** rellenan el rango
    repitiendo el dato inicial escrito siguiendo la dirección que indica la
    propia opción (abajo, derecha, arriba e izquierda). Si en el ejemplo
    anterior optásemos por **Hacia abajo**, la columna **C** de la hoja de
    cálculo se rellenaría de unos hasta completar el bloque.

	A	B	C	D
1				
2		1		
3		1		
4		1		
5		1		
6		1		
7		1		
8		1		
9				

2. Con **Otras hojas** se pueden rellenar las celdas de varias hojas en
    el mismo rango seleccionado. Hay que seleccionar previamente
    aquellas a las que vamos a copiar los rangos. Recuerde que esto
    se hace pulsando la tecla **CONTROL** (o de **MAYÚSCULAS**) y, sin
    soltarla, pulsando el botón izquierdo del ratón sobre la hoja que
    desea añadir a la selección. Una vez que haya activado la opción
    Otras hojas, aparecerá un cuadro de diálogo en el que es posible
    copiar **Todo**, sólo el **Contenido** de las celdas, o sus **Formatos**.

3. También se puede rellenar un rango en forma de progresión, es
    decir, no duplicar el dato sino crear un listado de datos correlativos.
    Para ello, elija la opción **Series** en el menú que hemos expuesto
    anteriormente y obtendrá lo siguiente:

- Con el grupo **Series en** se especifica si se rellenará siguiendo, por orden, las **Filas** o las **Columnas**.

- Con **Incremento** se especifica el salto de progresión entre una cifra y la siguiente; por ejemplo, el incremento en la lista 2, 4, 6, 8, 10 es 2.

- Con **Límite** se indica el número máximo que ha de alcanzarse. Excel ignorará el resto de las celdas seleccionadas una vez alcance este límite.

- El grupo **Tipo** le permite establecer cómo será la progresión:

    a) **Lineal**. Crea una progresión aritmética en la que el **Incremento** se suma al anterior valor. Por ejemplo, si el incremento es 2 y comenzamos en el 1, obtendremos como resultado 1, 3, 5, 7, 9, etc. (de dos en dos).

    b) **Geométrica**. Crea una progresión geométrica en la que el **Incremento** se multiplica al anterior valor. Por ejemplo, si el incremento es 2 y comenzamos en el 1, obtendremos 1, 2, 4, 8, 16, 32, etc. (cada cifra dobla a la anterior).

    c) **Cronológica**. Crea una progresión de fechas que se eligen en el grupo **Unidad de tiempo**: **Fecha** crea un listado de fechas normal (Excel conoce en qué número de día termina cada mes incluidos los años bisiestos), **Día laborable** crea el listado sin mostrar los fines de semana (Excel no conoce las fiestas entre semana), **Mes** por meses y **Año** por años.

Fecha	Día Laborable	Mes	Año
31/05/2001	31/05/2001	31/05/2001	31/05/2001
01/06/2001	01/06/2001	30/06/2001	31/05/2002
02/06/2001	04/06/2001	31/07/2001	31/05/2003
03/06/2001	05/06/2001	31/08/2001	31/05/2004
04/06/2001	06/06/2001	30/09/2001	31/05/2005
05/06/2001	07/06/2001	31/10/2001	31/05/2006

d) **Autorrellenar.** Crea una progresión automática con datos que no son numéricos ni de fecha (fechas con números). Inicialmente, Excel permite crear listas de este tipo con meses del año y días de la semana, aunque podremos crear más listas nosotros. Veremos esto en seguida.

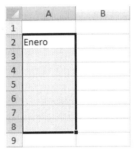 

Antes de rellenar   Relleno con la opción
                                     Autorrellenar

Cuando se selecciona el tipo **Autorrellenar** no se dispone de **Incremento** ni de **Límite**.

4. La última opción del menú anterior, **Justificar**, reparte en varias celdas el texto que no cabe en una. Si escribimos un texto en una que sobrepasa su tamaño, podremos seleccionar la celda y activar la función. Al hacerlo, Excel divide el texto tantas veces como sea necesario, consiguiendo que quepa en celdas distintas sin que cada parte sobrepase el tamaño de la columna. Excel puede realizar el trabajo sin seleccionar un bloque de celdas antes de la justificación, pero es conveniente elegir primero el rango en cuya celda superior deberá estar el texto que se va a justificar.

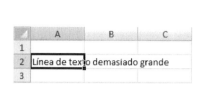

Antes de la justificación   Después de la justificación

3.2.1 Listas para Autorrellenar

Como hemos visto, el tipo Autorrellenar genera listados de datos que no son números ni fechas numéricas, concretamente, con los meses del año y con los días de la semana. Sin embargo, podemos crear nuestras propias listas que utilicemos con frecuencia, de forma que nos ahorremos tiempo debido a que no necesitaremos escribir todos los datos de esa lista, puesto que la función autorrellenar lo hará por nosotros.

Para crear una lista se accede al Botón **Microsoft Office**, se hace clic en 🔲 Opciones de Excel , luego en **Más frecuentes** y, a continuación, bajo **Opciones principales para trabajar con Excel**, pulsamos el botón Modificar listas personalizadas... . Aparecerá un nuevo cuadro de diálogo en el que podemos ver las listas que ya tenemos definidas.

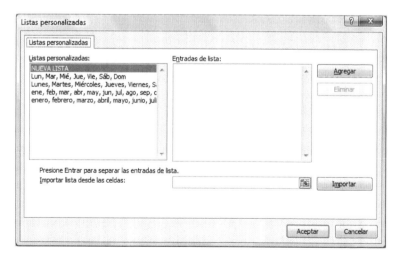

Para crear una nueva basta con hacer un clic en **Entradas de la lista** y teclear los elementos que compongan la lista, en el orden adecuado, pulsando INTRO entre un elemento y el siguiente (por ejemplo, los números en letra: *UNO*, *DOS*, *TRES*, *CUATRO*, etc.). Después pulsaremos el botón [Agregar], y la lista ya estará terminada. A partir de entonces, podremos teclear el primer elemento de esa lista en una celda (en nuestro ejemplo, el UNO) y utilizar la función autorrellenar para que se encargue de escribir el resto de los elementos por nosotros.

Si desea eliminar una lista, haga clic en ella (dentro del cuadro **Listas personalizadas**) y pulse en [Eliminar] (las listas originales no se pueden eliminar).

3.2.2 El controlador de relleno

Existe otro modo de rellenar celdas sin necesidad de utilizar la cinta de opciones. Se trata del controlador de relleno. Este elemento puede verse siempre en la esquina inferior derecha de la celda en la que se encuentra el cursor:

Controlador
de relleno

El controlador de relleno puede sernos útil en dos casos:

1. Si se ha escrito un valor que interese repetir en celdas contiguas.

2. Si vamos a crear un relleno automático de datos correlativos (como los que hemos visto antes: **Lineal**, **Geométrico**, **Cronológico** o **Autorrellenar**).

En cualquier caso deberá comenzar por escribir un dato en la celda: el que va a repetir o el que comenzará el listado correlativo. Si va a repetir ese dato en las celdas contiguas, bastará con que haga clic en esa celda sobre su controlador de relleno y, sin soltar el botón del ratón, arrastre en la dirección que desee.

Si va a crear un listado de datos correlativos pueden darse cinco casos:

1. Si se trata de una lista del tipo Autorrellenar (días de la semana, meses del año o cualquier otra lista personalizada que se haya creado), sólo se necesita escribir el dato inicial y arrastrar su controlador de relleno en la dirección deseada. Se rellenarán los datos incluso teniendo en cuenta el modo en que se escribió el inicial (mayúsculas, negrita, etc.).

2. Si se trata de un listado de fechas, se repite lo anterior: se escribe la fecha inicial y se arrastra el controlador en la celda.

3. Si se trata de un listado numérico, se escriben al menos dos valores en dos celdas contiguas que sirvan a Excel para saber qué progresión debe generar. Por ejemplo, si se va a crear un listado de números naturales se teclean los valores 1 y 2 en dos celdas contiguas (aunque pueden escribirse otros valores, si necesita que el listado comience en otra cifra). Otro ejemplo: si se desea un listado progresivo de dos en dos partiendo del 5, se escriben los datos 5 y 7 en dos celdas contiguas. Una vez escritos ambos valores se seleccionan las dos celdas y se arrastra el controlador de relleno.

4. Si se trata de datos que pueden listarse (números, fechas o datos de listas de Autorrellenar) pero que contienen otros datos entre medias, se selecciona todo y se arrastra el controlador de relleno. Ejemplo:

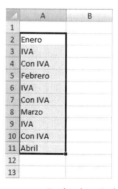

Datos seleccionados para el listado   Una vez arrastrado el controlador

5. Si se trata de una fórmula, Excel calculará automáticamente los resultados en el relleno, lo que nos ahorra escribir una misma

fórmula en celdas contiguas y será suficiente con escribirla una vez. Ejemplo:

B6	▼	f_x	=(B2+B3+B4)/3		
	A	B	C	D	E	F
1		Nota 1	Nota 2	Nota 3	Nota 4	
2	Informática	10	5	6	6	
3	Inglés	9	6	9	8	
4	Contabilidad	8	7	5	8	
5						
6	Media	9				
7						

Se escribe una vez la fórmula (en nuestro caso una media aritmética que puede verse en la barra de fórmulas: =(B2+B3+B4)/3)

B6	▼	f_x	=(B2+B3+B4)/3		
	A	B	C	D	E	F
1		Nota 1	Nota 2	Nota 3	Nota 4	
2	Informática	10	5	6	6	
3	Inglés	9	6	9	8	
4	Contabilidad	8	7	5	8	
5						
6	Media	9				
7						

Luego se emplea el controlador de relleno para repetir la fórmula en otras columnas

	A	B	C	D	E	F
1		Nota 1	Nota 2	Nota 3	Nota 4	
2	Informática	10	5	6	6	
3	Inglés	9	6	9	8	
4	Contabilidad	8	7	5	8	
5						
6	Media	9	6	6,66666667	7,33333333	
7						
8						

El resultado

Cuando creamos un listado con el controlador podremos ver cerca de él un icono con funciones relacionadas con el relleno: 🖳. Al pasar el ratón sobre él, se ofrece la posibilidad de desplegar sus funciones:

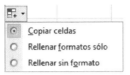

1. Si se selecciona **Copiar celdas**, la lista que acabamos de crear cambiará, quedando únicamente repetido el dato inicial. Ejemplo, si el dato inicial era *Enero*, se obtendrá muchas veces el dato *Enero*.

2. Si se selecciona **Rellenar serie**, la lista que acabamos de crear cambiará, quedando un listado progresivo.

3. Si se selecciona **Rellenar formatos sólo**, la lista que acabamos de crear cambiará, quedando vacía de datos pero adquiriendo sus formatos (colores, tipos de letra, etc.).

4. Si se selecciona **Rellenar sin formato**, la lista que acabamos de crear cambiará, quedando los datos de la lista, pero sin ningún formato (sin colores, tipos de letra especiales, etc.).

5. Si se selecciona **Rellenar meses**, la lista que acabamos de crear mostrará como listado los meses del año.

Esta última opción sólo aparece en el menú si hemos tecleado el nombre de un mes como dato inicial para la lista. Si hemos escrito en su lugar el nombre de un día de la semana, aparece **Rellenar días de la semana**, y no aparece si hemos escrito cualquier otro dato.

3.2.3 Práctica demostrativa

En este ejercicio vamos a repetir la hoja inicial de *Gastos* que hemos diseñado en los primeros ejercicios, empleando una técnica que ahorra tiempo y trabajo. La práctica la realizaremos en el mismo documento, aunque en una hoja distinta.

1. Abra la hoja *Gastos* que ha ido diseñando en los ejercicios del libro.

2. Acceda a la *Hoja3* y sitúese en la primera celda (A1) si no lo está ya.

3. Teclee la palabra *Gastos* y pulse **INTRO**.

4. En la celda B2 teclee el dato *Sr. López*. Luego en las siguientes celdas (C2, D2, etc.) teclee, por orden, los nombres *Sr. Gómez*, *Sr. Pérez*, *Sr. García* y *Sr. González*.

5. Pulse INTRO para acceder a la siguiente fila y teclee, en la celda A3 la palabra *Enero*.

6. Lleve el puntero del ratón hasta la esquina inferior derecha de la celda, en la que se encuentra el controlador de relleno y, haciendo clic en él, arrastre sin soltar el botón del ratón hasta la celda A14. El sistema deberá haber escrito el nombre de cada mes en su celda.

7. Acceda a la celda B3 y escriba el valor 1000. En la B4, el dato 1100.

8. Seleccione con el ratón ambos valores y, haciendo clic en el controlador de relleno de la esquina inferior derecha de la selección arrastre sin soltar el botón del ratón hasta la celda B14. El sistema deberá rellenar todas las celdas implicadas con valores correlativos.

9. Acceda a la celda C3 y teclee el valor 800. Debajo de ella y a su lado, añada los siguientes datos:

800	900	2000	3000
1000	1000	1900	2800

10. Seleccione todos esos datos y, haciendo clic en el controlador de relleno de la esquina inferior derecha de la selección arrastre sin soltar el botón del ratón hasta la celda F14. El sistema deberá rellenar todas las celdas implicadas con valores correlativos.

11. Seleccione todos los datos numéricos de las celdas desde la B3 a la F16. Pulse el botón Σ ▾ (o el botón Σ Autosuma ▾ del grupo **Biblioteca de funciones** en la ficha **Fórmulas**). El sistema deberá sumar todas las columnas de valores, dejando el resultado en las celdas adecuadas.

12. Guarde los cambios en el disco.

3.3 PEGADO ESPECIAL

Los datos que vayamos a trasladar a Excel mediante el portapapeles pueden incorporarse con unas funciones especiales.

Al desplegar el botón **Pegar** disponemos de varias funciones para colocar los datos copiados en la hoja:

1. **Pegar** realiza la función normal de pegado.

2. **Fórmulas** pega los datos manteniendo las fórmulas de las celdas que las tengan.

3. **Pegar valores** pega los datos como cifras, incluso en las celdas que contengan fórmulas, en cuyo caso, en lugar de pegar la fórmula, pega su resultado.

4. **Sin bordes** pega los datos pero no el borde que pudiesen tener en el original.

5. **Trasponer** pega los datos intercambiando filas por columnas.

6. **Pegar vínculos** pega los datos incluyendo la información de vínculos que permite al usuario hacer clic para acceder a otro lugar.

7. **Pegado especial** muestra un cuadro de diálogo en el que se pueden aplicar las mismas funciones anteriores y alguna más:

Así, se pueden utilizar los botones del grupo **Operación** para que el resultado consista en pegar el valor resultante de **Sumar**, **Restar**, **Multiplicar** o **Dividir** entre sí los datos de las celdas que se copiaron.

3.4 EL BOTÓN DERECHO DEL RATÓN

En Excel existe la posibilidad de acceder rápidamente a las funciones más comunes relacionadas con un elemento pulsando el botón derecho del ratón sobre él (si es zurdo y así lo ha hecho notar a Windows, en su caso, será el botón izquierdo).

Si nos situamos sobre una imagen de la hoja y pulsamos el botón derecho del ratón en ella, aparecerá un menú en el que podremos elegir opciones relacionadas con las imágenes.

Igualmente podremos utilizar el botón derecho en celdas seleccionadas como bloque. Incluso es posible, como ya hemos visto anteriormente, pulsar el citado botón sobre los elementos que no pertenezcan a la información que se diseña, por ejemplo, sobre las barras de herramientas.

Siempre que desee realizar alguna función de las más comunes para algún elemento de Office, antes de decidirse a localizarla en las fichas de la cinta de opciones, pulse sobre el mencionado elemento con el botón derecho del ratón, ya que obtendrá la correspondiente lista con las funciones más comunes para ese elemento y la minibarra de herramientas. Esta sencilla operación puede ahorrarle el tiempo de búsqueda de funciones en la cinta de opciones, sobre todo si aún no ha memorizado con la práctica su ubicación dentro de sus fichas y grupos.

3.5 BUSCAR Y REEMPLAZAR DATOS

En un documento que abarca muchas celdas puede resultar tedioso localizar una palabra o algún otro dato para comprobar o cambiar algo ahí.

Cuando se desea encontrar una palabra (o una frase o cualquier dato similar) en una hoja de Excel, se pulsan las teclas **CONTROL + B**, o se accede a la ficha **Inicio** de la cinta de opciones en la que disponemos del botón **Buscar y seleccionar** dentro del grupo **Modificar**. Al pulsarlo, se obtiene un sencillo cuadro de diálogo en el que se pueden establecer los datos necesarios acerca de los datos que deseamos encontrar:

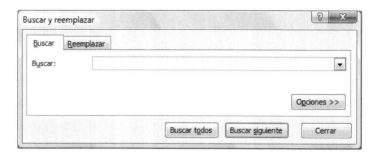

1. En el cuadro de texto **Buscar** se escribe aquello que se trata de encontrar. Si con anterioridad se habían buscado otros datos, aparecerá ya escrito el último en este cuadro de texto (también puede desplegar la lista para volver a buscar un dato que ya buscó anteriormente). Si Excel encuentra alguna celda que contiene el dato en cuestión, se situará en ella para que se pueda trabajar con su contenido. Excel buscará por defecto en todas las celdas de la hoja de cálculo en la que se esté, salvo si se ha seleccionado previamente un bloque de celdas, en cuyo caso sólo buscará el dato en las celdas seleccionadas.

2. Pulse el botón [Opciones >>] para acceder a otras posibilidades de búsqueda. El cuadro de diálogo se ampliará mostrando lo siguiente:

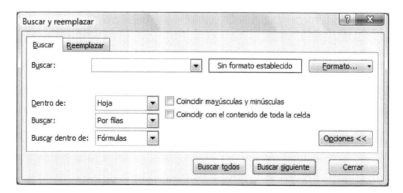

3. Si se despliega el botón [Formato... ▾], se pueden elegir atributos del texto que busca (si está escrito en negrita, con un color o tamaño determinados, etc.). Se obtiene el mismo cuadro de diálogo con el que se aplican los formatos al documento. Este mismo botón

se puede desplegar y elegir **Borrar formato de búsqueda** para que se pueda volver a localizar el dato independientemente del formato que tenga en el documento.

4. Mediante la lista **Dentro de** se indica si se desea buscar sólo en la **Hoja** en la que se encuentra, o bien, si se debe buscar en todo el **Libro**.

5. Mediante la lista **Buscar** se establece el orden que seguirá Excel para localizar los datos en la hoja. Seleccione **Por filas** si desea que la dirección de búsqueda se realice siguiendo las filas de celdas, o bien elija **Por columnas** si desea realizarla siguiendo las columnas de celdas.

6. Mediante la lista **Buscar dentro de** se elige en qué tipo de datos debe encontrar Excel: al elegir, por ejemplo, **Fórmulas**, Excel buscará en primer lugar en las fórmulas que haya en la hoja de cálculo. De este modo, se agiliza considerablemente la búsqueda.

7. Si se busca texto, puede localizarse tal y como se haya escrito, indicando que se diferencie entre mayúsculas y minúsculas. Al activar la casilla **Coincidir mayúsculas y minúsculas**, Excel sólo localizará el dato que coincida exactamente con el de búsqueda no sólo en cuanto a contenido, sino también, letra por letra, en sus mayúsculas y minúsculas.

8. Con la casilla **Coincidir con el contenido de toda la celda** Excel localizará el texto únicamente cuando el dato a buscar complete la celda por sí solo.

9. Con el botón Buscar siguiente se inicia la búsqueda. También continuará si ya se ha encontrado el dato pero no es el que se buscaba.

10. Es posible indicar la dirección hacia la que deseamos buscar los datos. En principio, el botón Buscar siguiente busca desde la celda en que se esté hasta el final de la hoja, pero se puede buscar *hacia atrás* manteniendo pulsada la tecla de **MAYÚSCULAS** mientras se hace clic en el botón Buscar siguiente.

11. Si se pulsa el botón Buscar todos, el cuadro se ampliará mostrando todas las celdas del libro en las que se encuentre el dato en cuestión. Al seleccionar una de ellas, Excel llevará a esa celda, mostrando el dato que se busca.

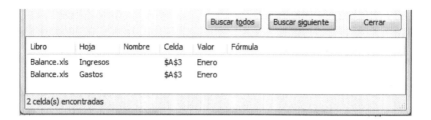

12. Se pueden reemplazar automáticamente varios datos (iguales) activando la ficha **Reemplazar**, o bien directamente desde la hoja de cálculo desplegando el mismo botón de la cinta de opciones que hemos empleado para las búsquedas y eligiendo su opción **Reemplazar**:

- Se trata del mismo cuadro que el que se emplea para las búsquedas aunque con algún elemento más, como el cuadro de texto **Reemplazar con**, en el que se especifica aquello que sustituirá a lo que se haya escrito en el cuadro de texto **Buscar**. Por tanto, se escribe el dato o datos a reemplazar en el cuadro de texto **Buscar** y en el campo **Reemplazar con** el dato que sustituya al que se busca.

- Se pulsa el botón [Buscar siguiente] para localizar el dato en la hoja y, si se encuentra, existen dos posibilidades:

    a) Utilizar el botón [Reemplazar], con lo que Excel sustituirá el dato encontrado por el nuevo. También localizará el siguiente lugar de la hoja en el que se localice de nuevo el dato automáticamente para que podamos volver a pulsar el mismo botón e intercambiarlo por el nuevo.

b) Utilizar el botón Reemplazar todos, con lo que Excel sustituirá automáticamente el dato que se busca por el nuevo en la totalidad de la hoja de cálculo. No pide ningún tipo de confirmación, de modo que, al pulsarlo, se modifican los cambios de una vez.

3.5.1 Práctica demostrativa

1. Abra el documento *Gastos* que guardó en los ejercicios anteriores.

2. Despliegue el botón **Buscar y seleccionar** del grupo **Modificar** situado en la ficha **Inicio** de la cinta de opciones y elija **Reemplazar**.

3. Localice el dato *Enero* (con la primera letra en minúsculas) y solicite cambiarlo por *ENERO* (con todo en mayúsculas).

4. Active la casilla **Coincidir mayúsculas y minúsculas**.

5. Pulse el botón Reemplazar todos para cambiar un término por otro de una sola vez.

6. Realice la misma operación para los demás meses del año.

Aunque esta práctica no es excesivamente útil, si nuestra hoja dispusiese de más meses escritos, los cambiaría todos automáticamente.

3.6 ZOOM

Mediante el botón **Zoom** del grupo **Zoom,** de la ficha **Vista** se puede ampliar o reducir la información de la hoja para verla más al detalle o de modo más general. Cuando se activa, se obtiene un cuadro (véalo en la página siguiente) en el que se pueden establecer tamaños y características de visualización:

1. Utilizando los botones de porcentaje (desde un **200%** hasta el **25%**) se amplía o reduce la imagen.

2. Si se desea ampliar la imagen de un bloque de celdas, previamente seleccionado, hasta que abarque por completo la ventana de Excel, se activa el botón **Ajustar la selección a la ventana**.

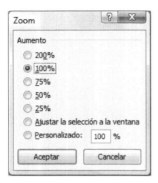

3. Mediante el botón **Personalizado** se puede establecer un porcentaje que no aparezca en la lista anterior de botones. Se escribe en el cuadro de texto el dato, teniendo en cuenta que se ha de basar en el 100% para obtener la ampliación o reducción de la imagen (por ejemplo, 200% significa ver la imagen el doble de grande, y el 50% reducirla a la mitad de su tamaño).

También hay que considerar que se puede ajustar esta función con el deslizador de **Zoom** (100% ⊖ ▭ ⊕) en la parte inferior derecha de la ventana. Al pulsar los botones ⊖ y ⊕, se reduce o amplía el tamaño de la vista, respectivamente. También se puede emplear el propio deslizador central ▭, desplazándolo a izquierda o derecha para obtener el mismo efecto.

3.7 COMENTARIOS

En cada celda puede añadirse un comentario a modo de recordatorio. Este comentario aparece en la celda mostrando su esquina superior derecha en color rojo (con la finalidad de que destaque y se sepa que ahí hay un comentario).

Celda con comentario

Para crear un comentario haga clic en la celda en la que lo necesite, acceda a la ficha **Revisar**, a su grupo **Comentarios** y pulse el botón **Nuevo comentario**.

Aparecerá un recuadro con su nombre (o el del usuario legal de Excel) con el cursor listo para que teclee la anotación. Escriba lo que necesite y haga clic fuera del cuadro para terminar. Para ver el comentario bastará con que acerque el cursor del ratón hasta la esquina roja del comentario.

3.8 INSERCIÓN DE CELDAS Y HOJAS DE CÁLCULO

Si lo desea, puede añadir celdas en blanco entre ciertos datos que sean contiguos.

Lo primero es decidir qué se va a insertar: celdas sueltas, una fila de celdas (o varias) o una columna de celdas (o varias). Podremos incluso insertar una hoja de cálculo en medio de otras dos.

Para ello, recurriremos a la ficha **Inicio**, grupo **Celdas**, botón **Insertar**. Existe la posibilidad de seleccionar un bloque de celdas antes de utilizar esta opción. Para insertar las celdas trabajaremos con las cuatro opciones de este menú.

1. Con **Insertar celdas** podemos intercalar celdas sueltas. Al activar esta opción, se obtiene el siguiente cuadro de diálogo.

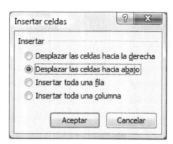

- **Desplazar las celdas hacia la derecha** intercala las nuevas celdas y desplaza los datos que ahí hubiese hacia la derecha.

- **Desplazar las celdas hacia abajo** intercala las nuevas celdas y desplaza los datos que ahí hubiese hacia abajo.

- **Insertar toda una fila** añade una fila completa de celdas (o varias filas si se han seleccionado como bloque).

- **Insertar toda una columna** añade una columna completa de celdas (o varias columnas si se han seleccionado como bloque).

2. Con **Insertar filas de hoja** se intercala una nueva fila completa de celdas. Si se selecciona un rango de celdas, se insertarán tantas filas como las que haya en ese rango. Si no se selecciona un rango, sólo se inserta una fila.

3. Con **Insertar columnas de hoja** se intercala una nueva columna completa de celdas. Si se selecciona un rango de celdas, se insertarán tantas columnas como las que haya en ese rango. Si no se selecciona un rango, sólo se inserta una columna de celdas.

4. Con **Insertar hoja** se añade una hoja de cálculo entre otras dos en un libro de trabajo.

Cuando inserte una hoja se colocará entre medias de otras dos, por lo que es posible que desee cambiarla de lugar. Para mover una hoja, haga clic sobre su pestaña y, sin soltar el botón del ratón, arrastre a izquierda o derecha hasta depositarla en el sitio en el que desee colocarla soltando ahí el botón del ratón.

3.8.1 Práctica demostrativa

1. Abra el libro *Gastos* que ha ido diseñando a lo largo de las prácticas.

2. Sitúese en la celda A3. Despliegue el botón **Insertar** de la ficha **Inicio**, grupo **Celdas** y seleccione **Insertar filas de hoja**. Esto debería añadir una fila completa de celdas vacías entre los nombres de los empleados y sus valores numéricos.

3.9 ELIMINAR CELDAS Y HOJAS DE CÁLCULO

Se trata de la función inversa a la anterior, ya que hace desaparecer las celdas. Se puede establecer un rango de éstas cuyas columnas o filas (o el propio rango de celdas) desaparecerán de la hoja dejando sitio al resto de los datos de la misma. Se seleccionan las celdas, se accede a la ficha **Inicio**, grupo **Celdas** y se elige el botón **Eliminar**. El cuadro de diálogo que aparece es prácticamente idéntico al que se obtiene para insertar celdas.

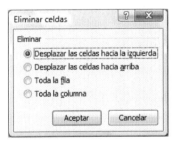

1. **Desplazar las celdas hacia la izquierda** elimina las celdas llevando el contenido de las que hasta ahora estaban a su izquierda a la posición de las que se eliminan.

2. **Desplazar las celdas hacia arriba** elimina las celdas llevando el contenido de las que hasta ahora estaban debajo de ellas a la posición de las que se eliminan.

3. **Toda la fila** borra una fila completa de celdas (o varias filas si se han seleccionado como bloque).

4. **Toda la columna** borra una columna completa de celdas (o varias columnas si se han seleccionado como bloque).

Para eliminar una hoja de cálculo se hace clic en su etiqueta (por ejemplo, *Hoja1*), se despliega el botón ⊞ Eliminar ▾ y se activa **Eliminar hoja**.

3.9.1 Práctica demostrativa

1. Abra el libro *Gastos* que ha ido diseñando a lo largo de las prácticas.

2. Sitúese en la celda A3. Pulse el botón **Eliminar** la ficha **Inicio**, grupo **Celdas** y elija **Toda la fila**. La fila vacía de celdas que insertó en el ejercicio anterior, debería desaparecer.

3. Si prefiere dejar como estaba la hoja, pulse el botón 🔄 ▾ de la barra de herramientas de acceso rápido para anular la última acción.

4. Si lo desea, guarde el documento.

3.10 PROTECCIÓN DE DATOS

Los datos de las celdas pueden permanecer a salvo de cambios mediante varias funciones, como claves de acceso o protección contra la posible eliminación (o modificación) accidental de datos importantes.

Para poder proteger una celda (o varias), hay que empezar por aplicarles el atributo **Bloqueada** (se pulsan las teclas **CONTROL + 1** y se accede a la ficha **Proteger**). Después, es necesario escudar la hoja entera y aquellas celdas que no hayan sido desbloqueadas quedarán inaccesibles. Para ello, nos desplazaremos a la ficha **Revisar**, grupo **Cambios**, que ofrece varias opciones:

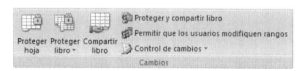

1. **Proteger hoja** activa la protección para la hoja de cálculo en la que se encuentre en ese momento mediante dos elementos:

    •   **Contraseña para desproteger la hoja** se emplea para establecer una clave con la que desproteger la hoja en el futuro (cuando se vaya a desproteger la hoja se pedirá esta contraseña y sólo se desprotegerá si se teclea la correcta).

- En la lista **Permitir a los usuarios de esta hoja de cálculo** pueden verse ciertas funciones que podrán o no modificarse según se active o no la casilla correspondiente.

2. **Proteger libro** activa la protección para el libro de trabajo completo (es la misma función que proteger hoja, sólo que protege todas las hojas del libro). Despliega algunas opciones para realizar el trabajo:

- **Proteger estructura y ventanas** permite elegir si se van a proteger los datos del libro (la **Estructura**: no se podrán eliminar, mover, etc. las hojas protegidas) y las **Ventanas** (no se podrán maximizar, ampliar, reducir, etc. las ventanas de las hojas protegidas). También se podrá añadir una contraseña para evitar que un usuario no autorizado las desproteja.

- **Acceso sin restricciones** (que libera la protección) y **Acceso restringido** (que la activa) requieren un servicio de credenciales que verifiquen que el usuario es quien dice ser. Por el momento, Microsoft ofrece este servicio gratuito de forma provisional, si bien es necesario darse de alta en él entregando cierta información personal a través de una cuenta de *Windows Live ID*. Estas credenciales se pueden gestionar (dar de alta, de baja, etc.) mediante la opción **Administrar credenciales**.

3. 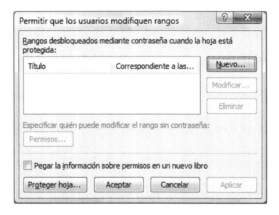 lleva a un cuadro de diálogo en el que se pueden establecer rangos de celdas de la hoja que podrán ser modificados. También podremos establecer qué funciones podrá **modificar** el usuario dentro de ese rango de celdas.

- Cuando pulse el botón ⟨ Nuevo... ⟩ Excel ofrecerá otro cuadro de diálogo en el que se selecciona el rango:

a) Se asigna un nombre al rango en el cuadro de texto **Título**.

b) El cuadro de texto **Correspondiente a las celdas** se emplea para teclear el rango.

c) Se puede añadir una clave en **Contraseña del rango**.

- El botón Modificar... permite cambiar un rango de la lista, así como los permisos de los usuarios que lo pueden alterar.

- El botón Eliminar permite borrar un rango de la lista.

Si se protege una hoja o el libro, puede desprotegerse, puesto que entonces el botón **Proteger hoja** cambiará por **Desproteger hoja**. Cuando se pulsa la hoja vuelve a estar completamente disponible para todos los usuarios, aunque, si asignó una contraseña, Excel la pedirá en el momento de desproteger la hoja y deberá escribirse correctamente para continuar trabajando.

3.10.1 Práctica demostrativa

1. Abra el libro *Gastos* que ha ido diseñando en las prácticas anteriores.

2. En la *Hoja1* seleccione las celdas A2 hasta la F17.

3. Pulse las teclas **CONTROL + 1** y acceda a la ficha **Proteger** del cuadro de diálogo que aparezca. En ella, desactive la casilla **Bloqueada** para permitir en el futuro que se puedan modificar sus datos.

4. Acceda a la ficha **Revisar** y en el grupo **Cambios** pulse el botón **Proteger hoja**. Acepte lo que ofrece el cuadro tal y como está.

5. Ahora no podrá modificar los datos del resto de la hoja, pero sí de las celdas que seleccionó antes.

6. Si desea dejar todo como estaba, vuelva a acceder a la ficha **Revisar** y en el grupo **Cambios** pulse el botón **Desproteger hoja**.

3.11 ORDENACIONES

Excel permite ordenar los datos de las hojas. Si en la lista se encuentran dos elementos iguales, se buscarán datos para ordenar entre ellos, y lo mismo a un tercer nivel.

Lo primero que se necesita para ordenar una lista de datos es seleccionar el rango de celdas que contiene la lista. El resultado ordenado quedará localizado en la misma situación en que estaban los datos desordenados. Una vez seleccionado el rango de celdas, utilizaremos el botón **Ordenar y Filtrar** del grupo **Modificar** de la ficha **Inicio** (también se puede emplear el botón **Ordenar** del grupo **Ordenar y filtrar** en la ficha **Datos**). Al pulsar el botón **Orden personalizado**, se obtiene un cuadro en el que se establecen las especificaciones necesarias para la ordenación.

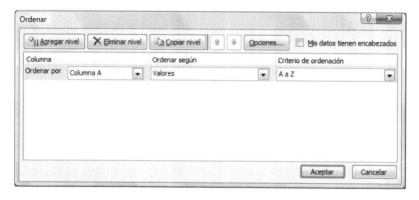

1. Se activa la casilla **Mis datos tienen encabezados** si la primera fila de los datos seleccionados para ordenar contiene los rótulos que indican el contenido de cada columna.

2. Se utiliza la lista desplegable **Columna** para establecer la columna que contiene los datos que se van a clasificar.

3. Se utiliza la lista desplegable **Ordenar según** para elegir qué dato del contenido de las celdas se empleará para la clasificación de la información: los valores de esas celdas, sus colores, etc.

4. Se utiliza la lista desplegable **Criterio de ordenación** para elegir si la ordenación debe llevarse a cabo de menor a mayor o de mayor a menor. Si los datos que se van a ordenar son de tipo texto, la lista ofrece **A a Z** y **Z a A**. Si son numéricos o de fecha ofrecerá **De**

menor a mayor y **De mayor a menor**. También ofrece la opción **Lista personalizada** por si vamos a recolocar datos de una lista de relleno automático (que se definen desde el botón de Office, haciendo clic en [⊞ Opciones de Excel], en **Más frecuentes** y, a continuación, bajo **Opciones principales** para trabajar con Excel, pulsamos el botón [Modificar listas personalizadas...]).

5. Puesto que podría darse el caso de que los datos a ordenar se encuentren duplicados, podemos establecer cómo se recolocan sus filas entre sí. Así pues, después de haber establecido el dato principal por el que se va a ordenar mediante las listas desplegables anteriores, se pulsa el botón [⚏₁ Agregar nivel] para añadir un segundo criterio de ordenación en el que se elige otro dato (con las mismas listas desplegables) que se utilizará para ordenar entre sí esos datos. Si se añade un criterio por equivocación se puede seleccionar en la lista y pulsar el botón [✕ Eliminar nivel]. También se puede emplear [⚎ Copiar nivel] para duplicar un criterio evitando crearlo desde cero.

6. Si se pulsa en [Opciones...], se obtiene otro cuadro con el que se cambian los detalles de la ordenación:

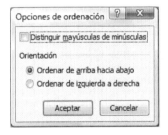

*   Si no se activa **Distinguir mayúsculas de minúsculas**, no se diferenciarán y dará igual que los datos estén escritos en mayúsculas o minúsculas (o ambos mezclados en las palabras).

*   El grupo **Orientación** le permite establecer si la ordenación se llevará a cabo por filas (**Ordenar de arriba hacia abajo**) o por columnas (**Ordenar de izquierda a derecha**).

3.11.1 Práctica demostrativa

1. Abra la hoja de *Gastos* que ha ido diseñando en prácticas anteriores.

2. Seleccione las celdas de datos desde A2 hasta F14.

3. Pulse el botón **Ordenar y Filtrar** del grupo **Modificar** en la ficha **Inicio**.

4. Utilice las diferentes opciones que le ofrezca la lista **Ordenar por** para recolocar los datos. Observe que, si ordena por la columna de los meses (en principio, *Columna A*) la ordenación es alfabética y nunca podría recolocarlos adecuadamente empleando los meses como base para la clasificación. Si desea dejar todo como estaba, utilice, por ejemplo, la columna del *Sr. López*.

3.12 CARACTERES ESPECIALES Y SÍMBOLOS

Si se necesita añadir al documento un símbolo que no aparezca en el teclado, podrá insertarse uno de los denominados caracteres especiales. Se activa la opción **Símbolo** en el grupo **Texto** de la ficha **Insertar**:

Se obtiene una tabla en la que se puede elegir el carácter que se desee:

1. Con la ficha **Símbolos** se establece el juego de caracteres que se desea para insertar el carácter especial activando la lista **Fuente**.

2. Se hace clic en el carácter que se necesita y se pulsa el botón Insertar. Si se conoce el código que corresponde al carácter que desea incorporar al texto, puede teclearse en el cuadro de texto **Código de carácter**.

Si pasa a la ficha **Caracteres especiales**, el cuadro de diálogo cambiará para mostrarle otra lista de aspecto similar:

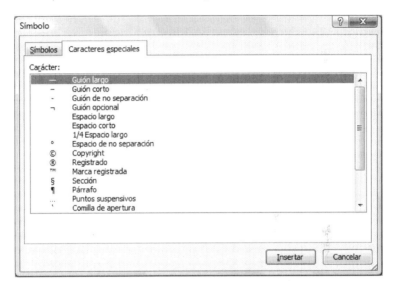

En este cuadro se presentan ciertos caracteres tipográficos especiales. Junto a ellos aparecen las descripciones de lo que representan y las combinaciones de teclas que pueden pulsarse mientras se escribe el texto para que aparezca cada carácter especial.

3.13 SUBTOTALES

Excel incorpora una función automática que permite generar totales bajo una lista de números siempre y cuando coloquemos los datos en las celdas de una forma concreta. Si los colocamos correctamente, el sistema realizará sumas (u otras funciones similares como la media aritmética, el valor más alto, etc.) por grupos de datos automáticamente.

Otras categorías
(con datos repetidos)

Columna con
datos numéricos

Fila de rótulos →

	A	B	C	D
1	**Producto**	**Marca**	**Modelo**	**Precio**
2	Ordenador	Thobitha	Portátil	1.800,00 €
3	Ordenador	Thobitha	Sobremesa	1.200,00 €
4	Ordenador	Thobitha	Semitorre	1.500,00 €
5	Ordenador	Thobitha	Torre	2.100,00 €
6	Ordenador	Thobitha	Elegance	2.400,00 €
7	Ordenador	Hibe Eme	Portátil	1.800,00 €
8	Ordenador	Hibe Eme	Sobremesa	1.200,00 €
9	Ordenador	Hibe Eme	Semitorre	1.500,00 €
10	Ordenador	Hibe Eme	Torre	2.100,00 €
11	Ordenador	Hibe Eme	Elegance	2.400,00 €
12	Ordenador	Compaco	Portátil	1.800,00 €
13	Ordenador	Compaco	Portátil	1.200,00 €
14	Ordenador	Compaco	Sobremesa	1.500,00 €
15	Ordenador	Compaco	Sobremesa	2.100,00 €
16	Ordenador	Compaco	Semitorre	2.400,00 €
17	Ordenador	Compaco	Semitorre	1.800,00 €
18	Ordenador	Compaco	Torre	1.200,00 €
19	Ordenador	Compaco	Torre	1.500,00 €
20	Ordenador	Compaco	Elegance	2.100,00 €
21	Ordenador	Compaco	Elegance	2.400,00 €
22	Impresora	Hexxon	Estilos 100	150,00 €
23	Impresora	Hexxon	Inyección	300,00 €
24	Impresora	Hexxon	Tinta	180,00 €
25	Impresora	Hexxon	Tinta	190,00 €
26	Impresora	Hachepe	Desyet	390,00 €
27	Impresora	Hachepe	Desyet	90,00 €
28	Impresora	Hachepe	Desyet	120,00 €
29	Impresora	Hachepe	Laseryet	340,00 €

Categoría Ordenador
(se repite el dato Ordenador)

Categoría Impresora
(se repite el dato Impresora)

I◄ ◄ ► ►I   **Hoja1** / Hoja2 / Hoja3 /

Las condiciones necesarias para la generación automática de subtotales son las siguientes:

1. Colocar una primera fila con rótulos por columnas.

2. Colocar datos repetidos por filas (categorías).

3. Disponer de, al menos, una columna con datos numéricos con los que Excel pueda operar.

El sistema de subtotales se encargará de sumar según las categorías (los datos repetidos en las filas).

Para realizar la operación, sitúe el cursor en una de las celdas de la lista de datos, acceda a la ficha **Datos** de la cinta de opciones y, en el grupo **Esquema**, pulse el botón **Subtotal**.

Excel seleccionará toda la lista y ofrecerá un cuadro de diálogo que contendrá los elementos necesarios para que podamos generar los subtotales:

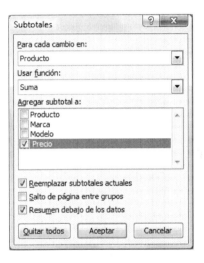

1. Despliegue la lista **Para cada cambio en** de modo que pueda elegir la columna con la que quiere obtener los subtotales. Según nuestro ejemplo anterior, si desea que se genere un subtotal para *ordenadores* y otro para *impresoras*, se selecciona **Producto** (que es la columna a la que pertenecen ambos), mientras que si se desea que los subtotales se calculen por **Marcas**, se selecciona eso en la lista.

2. Después, utilice la lista **Usar función** para elegir el tipo de cálculo que debe realizar el subtotal. Aunque por norma general es la

Suma, puede seleccionar otras operaciones sencillas de cálculo como la media aritmética (**Promedio**), el valor más alto (**Máx**) o que se realice un recuento de las cantidades (**Contar números**).

3. Active la casilla de la columna que contenga los datos numéricos en la lista **Agregar subtotal a**. Si sólo dispone de una columna de datos numéricos sólo podrá activar ésa para obtener un resultado correcto.

4. Si ya tiene un subtotal calculado y no desea que Excel lo elimine al hacer el nuevo, desactive la casilla **Reemplazar subtotales actuales**.

5. Si activa la casilla **Salto de página entre grupos**, cuando imprima los datos en papel conseguirá que Excel coloque cada grupo de subtotales en una página.

6. Excel calculará un total de todos los valores de la columna numérica: si desea que ese total aparezca en la parte inferior del listado, active la casilla **Resumen debajo de los datos**.

7. Si ya tiene unos subtotales calculados y desea eliminarlos, pulse el botón Quitar todos , que cierra automáticamente el cuadro de diálogo sin necesidad de pulsar Aceptar .

8. Una vez que termine, pulse Aceptar y Excel mostrará los resultados en la hoja de cálculo.

3.14 IMÁGENES EN LAS HOJAS

Excel permite añadir imágenes al documento de varios modos, todos ellos accesibles desde el grupo **Ilustraciones** de la ficha **Insertar**.

1. **Imagen**. Permite incorporar al texto una imagen que esté almacenada en una carpeta de cualquier disco. Para poder elegir la imagen se ofrece el clásico cuadro de diálogo para abrir documentos.

2. **Imágenes prediseñadas**. Abre el panel de tareas en el que se puede seleccionar una imagen de muestra.

En el cuadro de texto **Buscar** se teclea una palabra que represente la imagen que se necesita y se pulsa ⏹ Buscar . Por ejemplo, si se necesita la imagen de un árbol podremos teclear *árboles* y comenzar la búsqueda. En el panel obtendremos un listado de imágenes de árboles (si se está conectado a Internet la lista será mayor puesto que también se mostrarán imágenes existentes en el sitio Web de Microsoft).

Al pasar el ratón sobre una de las imágenes de muestra aparece a su derecha un botón que permite desplegar un menú de opciones con el que podremos, entre otras cosas, **Insertar** la imagen en el documento.

3.14.1 Editar imágenes

Al incorporar una imagen (que no haya sido dibujada con el propio Excel) a un documento se puede modificar hasta cierto punto. Gracias al sistema de edición podremos alterar ciertas propiedades de la imagen como su brillo o contraste.

Cuando se selecciona una imagen de este tipo (haciendo clic en ella), aparecen automáticamente a su alrededor, en las esquinas y los laterales, ocho puntos manejadores con los que podemos cambiar el tamaño de la imagen. Así, arrastrando uno hacia fuera de la imagen, ésta se ampliará y haciéndolo hacia dentro, se reducirá.

En realidad aparece un manejador más de color verde en la parte superior que permite girar la imagen haciendo clic en él y arrastrando en una dirección.

También aparecerá una nueva ficha en la cinta de opciones, **Formato**:

Gracias a esta ficha se puede configurar la imagen para que se muestre en el documento con el aspecto que deseemos:

1. En el grupo **Ajustar** disponemos de las siguientes funciones:

   - 🔆 Brillo ▾ para modificar la cantidad de luz de la imagen. Este botón despliega una lista de opciones para elegir el nivel de luz.

   - ◑ Contraste ▾ para modificar el nivel de diferencia entre colores claros y oscuros.

   - 🎨 Volver a colorear ▾ ofrece una lista de coloraciones que pueden aplicarse a la imagen. Así podemos volver cualquier imagen del documento azulada, verdosa, rojiza, escala de grises, sepia, etc.

   - 🗜 Comprimir imágenes para establecer si la imagen se guardará comprimida en el documento (ocupando menos espacio en el disco) o no. Se puede aplicar a todas las imágenes del documento (dejando desactivada la casilla **Aplicar sólo a las imágenes seleccionadas**) y establecer su nivel de compresión (mediante el botón Opciones...). Tenga presente que, a cambio de reducir el tamaño del archivo, suele haber también una pérdida de calidad que será proporcional al nivel de compresión.

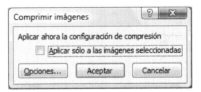

   - 🖼 Cambiar imagen para cambiar la imagen por otra que deberá elegirse en ese momento. La nueva imagen se coloca en el documento con su tamaño original (no se adapta al tamaño de la imagen que se sustituye).

   - 🖼 Restablecer imagen para restaurar el tamaño y características originales de la imagen. Suele utilizarse si se ha cambiado tanto la imagen que es preferible rectificar comenzando de nuevo que cambiando las funciones manualmente.

2. El grupo **Estilos de imagen** ofrece varios efectos de cambio de forma para la imagen. Se puede optar por elegir entre los estilos ya diseñados o se puede construir uno propio.

- Para elegir uno de los estilos ya diseñados se lleva el ratón hasta uno de la lista (que se puede desplegar para ver más) y se hace clic en él:

- Forma de la imagen ▾ para que la imagen esté contenida en una figura no necesariamente rectangular. Al pulsar el botón, se despliega y ofrece varias formas en las que se alojará la imagen si se hace clic en una.

- Contorno de imagen ▾ para elegir el color, grosor y tipo de línea que bordea la imagen. Al pulsar el botón, se despliega y ofrece los colores y las opciones necesarias. Entre ellas, también disponemos de la función **Sin contorno** que elimina el borde de la imagen.

- Efectos de la imagen ▾ para aplicar a la imagen diferentes aspectos de borde, sombra, giro tridimensional, etc.

3. El grupo **Organizar** proporciona funciones de colocación para la imagen:

- Traer al frente ▾ para situar la imagen por delante de las otras (como colocar una carta por delante de la baraja o de otras cartas).

- Enviar al fondo ▾ para situar la imagen por detrás de las otras (como colocar una carta por detrás de la baraja o de otras cartas).

- (**Alinear**) para colocar la imagen a la misma altura que otras o que los márgenes de la página. Este botón se despliega para ofrecer todas sus posibilidades.

- (**Agrupar**) para reunir varios objetos y tratarlos como uno sólo. También permite realizar la operación inversa, es decir, separar varios objetos que estaban agrupados (**Desagrupar**). Ninguna de ellas funciona con imágenes normales, pero sí lo hace con figuras dibujadas con el propio programa.

- (**Girar**) para rotar una imagen 90° en una dirección. También permite reflejarla horizontal y verticalmente.

- El botón ![Panel de selección] activa el panel de tareas mostrando las imágenes que pueden verse en la hoja. Con dicho panel se pueden ocultar y mostrar las imágenes (haciendo clic en el icono ![] que ofrece cada una a su derecha en la lista, aunque también se pueden ocultar y mostrar todas con los botones ![Ocultar todas] y ![Mostrar todo], respectivamente) y recolocar las imágenes al frente o al fondo (seleccionando una en la lista y pulsando los botones ![↑] o ![↓]).

4. El grupo **Tamaño** permite cambiar las dimensiones de la imagen:

- El botón **Recortar** permite eliminar zonas de la parte exterior de la imagen. Cuando se activa, los puntos manejadores cambian de aspecto y, al ser arrastrados hacia el interior de la imagen, se va recortando esa zona. Se puede arrastrar hacia fuera para recuperar la zona recortada.

- Los cuadros de texto **Alto de forma** y **Ancho de forma** permiten teclear un tamaño vertical y horizontal para la imagen, respectivamente. Cambiando uno de ellos, el otro se modifica igualmente para mantener las proporciones. Cuando se teclea un nuevo valor hay que pulsar **INTRO** para fijarlo.

En el grupo **Tamaño** podemos pulsar el botón ![] para acceder a un cuadro de diálogo en el que se pueden establecer los tamaños de un modo más completo, incluyendo porcentajes:

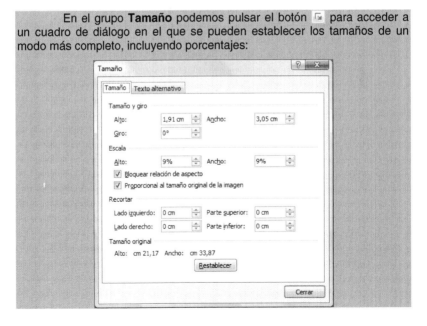

Cuando se hace clic con el botón derecho del ratón en una imagen, aparece un menú entre cuyas opciones se encuentra **Formato de imagen**. Lleva a un cuadro de diálogo que clasifica las opciones que hemos ido detallando a lo largo de este apartado por categorías.

Una vez que se ha seleccionado una imagen haciendo clic en ella, se puede eliminar pulsando la tecla **SUPR**.

3.14.2 Práctica demostrativa

1. Abra el documento *Gastos* que ha ido diseñando en las prácticas anteriores.

2. Utilice las **Imágenes prediseñadas** desde el grupo **Ilustraciones** de la ficha **Insertar** para localizar las imágenes de *Gastos*. Si dispone de conexión a Internet obtendrá un mayor abanico de posibilidades.

3. Asegúrese de que la imagen queda en una posición que no impida la lectura de los datos de la hoja. Para ello, además de desplazarla, puede reducir o ampliar su tamaño.

4. Modifique el brillo y el contraste de las imágenes de forma que los colores no sean muy intensos.

5. Guarde el documento en el disco.

3.15 RÓTULOS CON WORDART

Para diseñar rótulos atractivos con efectos como añadir sombra, contorno, perspectiva, o escribir el texto con un relleno especial disponemos de una función denominada WordArt.

Para acceder a todas las ventajas que proporciona se pulsa el botón WordArt que se encuentra en el grupo **Texto** de la ficha **Insertar**. Este botón despliega una lista de aspectos para que elijamos uno para el rótulo:

Cuando se elija el formato general, se obtiene un cuadro de diálogo en el que se teclea el texto del rótulo:

Una vez que se ha hecho esto aparece el rótulo con el estilo elegido y una nueva ficha en la cinta de opciones: **Formato**.

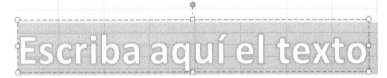

1. El grupo **Estilos de forma** contiene estilos ya diseñados y funciones para que diseñemos los nuestros propios para los rótulos. Los hemos visto ya en el apartado anterior.

2. El grupo **Estilos de WordArt** contiene estilos ya diseñados y funciones para que diseñemos los nuestros propios para los rótulos.

   - Para aplicar uno ya diseñado despliegue la lista y haga clic en él.

   - El botón **Relleno de texto** (⬛▾) despliega una lista de colores y efectos que podemos aplicar al relleno de las letras del rótulo: degradados, texturas e imágenes.

- El botón **Contorno de texto** (⬛▾) despliega una lista de colores y efectos que podemos aplicar al borde de las letras del rótulo: grosor y estilo de línea.

- El botón **Efectos de texto** (⬛▾) despliega una lista de menús con efectos especiales que podemos aplicar al rótulo:

  a) **Sombra**. Aplica diferentes estilos de proyección de sombra.

  b) **Reflexión**. Aplica diferentes estilos de reflejo del rótulo.

  c) **Resplandor**. Aplica diferentes estilos de luminiscencia posterior del rótulo.

  d) **Bisel**. Aplica diferentes efectos de volumen al rótulo.

  e) **Giro 3D**. Aplica diferentes efectos de rotación tridimensional al rótulo (arriba, abajo, izquierda y derecha).

  f) **Transformar**. Aplica diferentes efectos de forma al rótulo (recto, curvado, ondulado, etc.).

3.15.1 Práctica demostrativa

1. Abra el documento *Gastos* que guardó en los ejercicios anteriores.

2. Despliegue el botón **Wordart** que se encuentra en el grupo **Texto** de la ficha **Insertar** de la cinta de opciones.

3. Seleccione un modelo de rótulo y asígnele como texto el título del documento: *Gastos*.

4. Utilizando las diferentes opciones que ofrece WordArt, moldee el rótulo a su gusto.

5. No olvide desplazarlo hasta una posición adecuada y retocar, si es necesario, su tamaño para que no impida la correcta lectura de los datos de la hoja.

6. Guarde el documento en el disco.

Capítulo 4

FUNCIONES

Una función en una hoja de cálculo es una utilidad asociada a un nombre que realiza un trabajo de cálculo o consulta de información y que proporciona un resultado, dependiendo de los datos que reciba. Esos datos son generalmente los que hay en una o varias celdas de una hoja de cálculo.

4.1 TRATAMIENTO DE LAS FUNCIONES

Las funciones son muy versátiles, ya que pueden emplearse en diversos lugares, aunque suelen anotarse siempre en las celdas de la hoja de cálculo. Cuando se desea comenzar a escribir una función en una se empieza tecleando el símbolo = (igual a). A continuación, se escribe (sin espacios intermedios) el nombre de la función, con el que establecemos la clase de trabajo que debe hacer y, por último escribiremos (también sin espacios) unos paréntesis acompañados, si la función lo necesita, de los datos necesarios para realizar la tarea:

```
=FUNCIÓN(datos)
```

Veamos un ejemplo con una muy utilizada. La función SUMA realiza, como su nombre indica, la suma de todos los elementos que se especifican en sus paréntesis: **=SUMA(rango)**, donde *rango* representa un grupo de celdas que contienen datos numéricos. El resultado es que esta función devuelve la suma de todos los datos que hay en las celdas que se han especificado mediante su rango.

B6			f_x	=SUMA(B2:B4)	
	A	B	C	D	
1					
2		2			
3		3			
4		5			
5					
6		10			
7					

Esta función SUMA puede realizarse con el botón **Autosuma**, que aparece en la ficha **Inicio** de la cinta de opciones (en el grupo **Modificar**). Bastará con seleccionar un rango de números y pulsar el botón Σ ▼ (o el botón Σ Autosuma ▼ del grupo **Biblioteca de funciones** en la ficha **Fórmulas**) con lo que aparece el resultado de sumar todos los datos una celda más abajo del rango seleccionado; también puede hacerlo a la inversa, es decir, pulsando el botón y seleccionando el rango después.

Por otra parte, si se despliega el botón se pueden utilizar otras funciones, en lugar de la suma, sólo hay que seleccionar la función que se desee como, por ejemplo, el **Promedio**.

Todas las funciones de Excel se escriben siguiendo la misma estructura, por lo que vamos a ofrecer una lista de las funciones más utilizadas y prácticas, así como de los valores que proporcionan después de realizar el cálculo correspondiente.

Hay que resaltar que las funciones son lo suficientemente versátiles como para poder incluirlas dentro de una fórmula, o incluso dentro de otra función. Por ejemplo, si una función necesita un dato de tipo texto para proporcionar un resultado, podremos utilizar como dato de texto otra función que devuelva un dato de ese tipo.

Excel también dispone de un asistente para funciones que ayuda a localizar la que se necesite. Ofrece diferentes formas de acceso desde el grupo **Biblioteca de funciones** de la ficha **Fórmulas** (en la cinta de opciones). Cada botón despliega una lista de funciones según el tipo de cálculo que se vaya a aplicar:

1. Las funciones ⊞ **Usadas recientemente** ▾. Al desplegar este botón podemos ver y activar una de las funciones empleadas últimamente para aplicarla de nuevo a otros datos de la hoja.

2. Las funciones ⊞ **Financieras** ▾. Ofrece un listado de funciones relacionadas con el mundo de la economía.

3. Las funciones ⊞ **Lógicas** ▾. Ofrece un listado de funciones que operan con los valores cierto y falso mediante comparaciones de datos.

4. Las funciones de ⊞ **Texto** ▾. Ofrece un listado de funciones especializadas en datos de texto.

5. Las funciones de ⊞ **Fecha y hora** ▾. Ofrece un listado de funciones para manipular fechas y horas.

6. Las funciones ⊞ ▾ (**Matemáticas y trigonométricas**). Ofrece un listado de funciones especializadas en cálculo matemático y trigonométrico.

7. ⊞ ▾ (**Más funciones**). Ofrece un menú con varios tipos más de funciones: **Estadísticas**, de **Ingeniería**, de **Cubo** y de **Información**.

Sin embargo, el elemento principal con el que se localizan las funciones, dado que son tantas que es difícil memorizarlas, se activa mediante el botón **Insertar función**, que lleva al cuadro de diálogo que mostramos en la página siguiente.

Si se desconoce cómo se llama en Excel una función que se necesita, se puede intentar teclear lo que debe hacer dicha función en el cuadro de texto **Buscar una función**. Por ejemplo, teclee *Hallar una media aritmética*.

Otra posibilidad consiste en desplegar la lista **O seleccionar una categoría** para elegir el tipo de función que necesita. Al elegir una categoría aparecerá una lista de funciones que pertenecen a esa categoría para que se pueda seleccionar una haciendo clic en ella.

4.1.1 Rangos en las funciones

Algunas funciones necesitan un rango de celdas con el que operar, lo que significa que cada vez que se vaya a utilizar una habrá que escribirlo entre los paréntesis.

Una forma muy cómoda de incorporar un rango consiste en lo siguiente: cuando se teclea la función en una celda, al abrir el paréntesis de la función, se utiliza el ratón o las teclas de desplazamiento para seleccionar las celdas que formen el rango. Una vez seleccionadas se pulsa **INTRO**, ya que ni siquiera es necesario cerrar el paréntesis.

4.2 FUNCIONES MATEMÁTICAS

Algunas de las funciones que vamos a listar necesitan unas macros automáticas para funcionar. Será pues necesario instalar estas macros agrupadas en una biblioteca denominada **Herramientas para análisis**. La forma de instalarlas consiste en desplegar el botón de Office, pulsar el botón [:] Opciones de Excel y activar la categoría **Complementos**. Hay que asegurarse de que la lista **Administrar** tenga seleccionada la opción

Complementos de Office y luego pulsar el botón [Ir...], lo que nos lleva a un cuadro de diálogo con la lista de todos los complementos disponibles. En ella se activa la casilla **Herramientas para análisis**. En la lista de funciones que ofrecemos indicaremos las que necesitan que estén activadas.

En todas las funciones que necesitan un dato numérico entre paréntesis, puede teclearse entre ellos la dirección de una celda, el resultado de otra función numérica o una fórmula matemática. También es posible teclear, en su lugar, otra función que devuelva como resultado un dato numérico.

Cuando teclee una función, es posible que se equivoque, en cuyo caso Excel puede ofrecerle un error que explique el motivo de la equivocación. Por ejemplo:

#¡VALOR!   Si obtiene este mensaje es que el dato que haya colocado entre los paréntesis de la función es incorrecto. Por ejemplo, si una función espera un número para trabajar con él y empleamos una celda cuyo contenido sea un texto (en lugar de un número).

#¿NOMBRE?   Si se equivoca al teclear el nombre de la función. Por ejemplo, si en lugar de SUMA teclea SUMAR.

En cuanto comience a teclear el nombre de una función, Excel le ofrecerá un listado de funciones que comienzan por esas letras, para que sólo necesite seleccionarla (con las teclas del cursor) y pulsar el **TABULADOR** para obtenerla completamente escrita.

Por otra parte, no necesitará memorizar qué valores hay que teclear entre los paréntesis de cada función (aunque con la práctica los memorizará), ya que Excel se los mostrará en cuanto abra el paréntesis. Por ejemplo, si va a sumar, en cuanto teclee **=SUMA(** obtendrá lo siguiente:

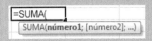

Esto le indica que deberá teclear varios números separados con punto y coma, si bien, en el caso de la función suma también puede teclear un rango de celdas cuyo contenido será sumado.

ABS(número) proporciona el valor absoluto de un número.

COCIENTE(x;y) realiza la división entera entre X e Y. El resultado es el cociente de la división sin decimales (si los tuviera). Esta función necesita las Herramientas para análisis.

CONTAR(rango o x;y;z…) ofrece el número de celdas ocupadas con datos numéricos que haya en un rango.

CONTARA(rango o x;y;z…) ofrece el número de celdas ocupadas con datos de cualquier tipo que haya en un rango.

CONTAR.SI(rango;criterio) ofrece el número de celdas del rango que contengan un determinado valor (el criterio).

ENTERO(número) extrae la parte entera de un número (aunque no redondea la cifra, sino que se limita a eliminar los decimales del número).

MAX(rango o x;y;z;...) muestra el valor más alto contenido en las celdas del rango especificado.

M.C.D(rango o x;y;z;...) devuelve el Máximo Común Divisor de la lista de los números especificada. Se pueden establecer tantos números como se desee separándolos por punto y coma (;).

M.C.M(rango o x;y;z;...) devuelve el Mínimo Común Múltiplo de la lista de los números especificada. Se pueden establecer tantos números como se desee separándolos por punto y coma (;).

MIN(rango o x;y;z;...) muestra el valor más pequeño contenido en las celdas del rango especificado.

NUMERO.ROMANO(número) devuelve el número especificado en números romanos (en formato de texto). Tenga en cuenta que los números romanos no son infinitos debido a que están formados por letras: si utiliza un número superior a 3999, esta función dará error.

PI() devuelve el valor del número Pi redondeado a nueve decimales.

POTENCIA(x;y) devuelve x elevado a y.

PRODUCTO(rango o x;y;z…) multiplica el contenido de las celdas del rango especificado.

PROMEDIO(rango o x;y;z...) genera la media aritmética de los valores contenidos en el rango especificado.

RAÍZ(número) devuelve la raíz cuadrada del número especificado.

REDONDEAR(número;decimales) redondea el número especificado a la cantidad de decimales indicada como segundo dato.

RESIDUO(x;y) proporciona el resto de dividir x entre y.

SIGNO(número) devuelve el signo del número especificado. Si el número es negativo, devuelve -1; si es cero, devuelve 0; y si es positivo, devuelve 1.

SUMA(rango o x;y;z;...) suma el contenido de las celdas del rango especificado.

4.3 FUNCIONES DE FECHA Y HORA

AHORA() devuelve el número de serie de la fecha y hora actuales.

> Si las celdas no tienen el formato de fecha u hora (o ambas), Excel muestra el dato resultante de aplicar la función anterior con forma de número que realiza mediante cálculos matemáticos. Éste recibe el nombre de número de serie. Por ejemplo, el número *366* (número de serie) sería el día *31 de diciembre del año 0* (tenga en cuenta que el año 0 es bisiesto). Si desea que un número de serie aparezca con formato de fecha, acceda a la ficha Inicio, despliegue la lista General del grupo **Número** y seleccione un formato de fecha o de hora.

AÑO(número) convierte un número de serie en un año. El número puede ser una fecha entrecomillada (por ejemplo, "29/05/68" devolvería 1968).

DIA(número) dado un número de serie, se devuelve el correspondiente día del mes.

DIAS.LAB(fecha_incial;fecha_final;días_festivos) devuelve el número total de días laborables entre dos fechas dadas. Hemos de especificar el número de días festivos que existen en ese período de tiempo. La función **DIAS.LAB** necesita la macro automática Herramientas para análisis.

> La función anterior puede funcionar de forma incorrecta si en las fechas que se indiquen hay fiestas entre lunes y viernes.

DIASEM(número;tipo) convierte un número de serie de una fecha en un día de la semana (su número). El segundo parámetro establece el tipo de semana (1 = semana inglesa; 2 = semana española; 3 = el primer día de la semana es el cero). Por ejemplo, la función *=DIASEM("24/12/89";2)* devuelve el valor *7*, que corresponde a *Domingo* según el tipo de semana española.

En algunos países como el Reino Unido o Estados Unidos, el primer día de la semana es el domingo en lugar del lunes, de ahí que sea necesario especificar el tipo de día de la semana en la función anterior.

FECHA(año;mes;día) devuelve el número de serie que pertenece a una fecha especificada. Es similar a la anterior, pero se diferencian en el formato que se utiliza para escribir la fecha. En esta sólo hemos de escribir los elementos de la fecha separados por punto y coma (;).

FECHANUMERO(fecha) convierte una fecha escrita entrecomillada (en formato numérico, ejemplo: "5/2/70") en número de serie.

FIN.MES(fecha;número_meses) devuelve el número de serie del último día del mes, pasado o futuro, relativo a la fecha_inicial de referencia según sea positivo o negativo el número de meses. Esta función necesita la macro automática Herramientas para análisis. Por ejemplo, si se desea saber cuál es el último día del mes en el que se encuentre (28, 29, 30 ó 31), se escribe la fórmula *=FIN.MES(fecha_de_hoy;0)*, donde *fecha_de_hoy* es la fecha actual escrita entrecomillada (en formato numérico, ejemplo: "14/02/95"). Si desea conocer el último día del mes siguiente, sustituya el 0 (cero) por un 1 (uno) en la anterior función de ejemplo, y si desea conocer el último día del mes anterior escriba -1 en lugar de 0. Puede utilizar para este dato números superiores a 1, tanto positivos como negativos (por ejemplo -2 sería dos meses antes).

HORA(número) dado un número de serie, se devuelve la hora correspondiente.

HORANUMERO(fecha) convierte una hora escrita entrecomillada (con formato numérico, ejemplo: "15:00") en número de serie.

HOY() devuelve el número de serie de la fecha actual.

MES(número) dado un número de serie, se devuelve el número de día del mes correspondiente.

MINUTO(número) dado un número de serie, se devuelve el minuto de la hora correspondiente.

NSHORA(hora;minuto;segundo) devuelve el número de serie que pertenece a la hora especificada.

SEGUNDO(número) dado un número de serie, se devuelve el segundo de la hora correspondiente.

> Muchas de las funciones de fecha que acabamos de ver devuelven como resultado el número de serie de una fecha, en lugar de la fecha en sí. Si necesita ver la fecha y no su número de serie, acceda a la ficha Inicio, despliegue la lista General del grupo Número y seleccione un formato de fecha o de hora.

4.4 FUNCIONES DE TEXTO

CARACTER(número) devuelve el carácter ASCII especificado por el número especificado.

CONCATENAR(texto1;texto2;...) añade un texto a otro. Los datos que se van a **concatenar** deben ser de tipo texto (por ejemplo, un texto entre comillas o una celda que contenga un texto).

DERECHA(texto;cantidad) extrae un grupo de caracteres por la derecha de un texto. El número de **caracteres** que se extrae debe establecerse como segundo parámetro de la función (*cantidad*). Por ejemplo, si tecleamos =DERECHA("Hola";2), el resultado será "la" (las 2 últimas letras de *Hola*).

ESPACIOS(texto) elimina espacios del texto dejando un solo espacio entre cada palabra y eliminando completamente los de los extremos del texto.

EXTRAE(texto;posición_inicial;cantidad) devuelve una parte del texto especificado, desde la posición **inicial**, y tantos caracteres como se indiquen en el tercer parámetro (*cantidad*). Así, =EXTRAE("Pepito";2;3) da como resultado "epi" (tres letras a partir de la segunda de la cadena *Pepito*).

IGUAL(texto1;texto2) examina dos datos de texto de la hoja verificando si son iguales. La comprobación incluye incluso diferencias de mayúsculas y **minúsculas** en ambos datos. Excel devuelve el valor *VERDADERO* si ambos datos son iguales, y *FALSO* si no lo son.

IZQUIERDA(texto;cantidad) extrae un grupo de caracteres por la izquierda de un texto. El **número** de caracteres que se extrae debe establecerse como segundo parámetro (*cantidad*). Así, =IZQUIERDA("Excel";2) da como resultado "Ex" (las 2 primeras letras de *Excel*).

LARGO(texto) devuelve el número total de caracteres que posee un dato de texto.

MAYUSC(texto) **convierte** el dato de texto en mayúsculas. Los caracteres que ya estaban en mayúsculas no son modificados.

MINUSC(texto) **convierte** el dato de texto en minúsculas. Los caracteres que ya estaban en minúsculas no son modificados.

NOMPROPIO(texto) pasa a mayúsculas la primera letra de cada palabra del dato de texto especificado. Los caracteres que ya estaban en mayúsculas no son modificados.

REPETIR(texto;cantidad) **repite** el dato de texto la cantidad de veces que establezcamos.

4.5 FUNCIONES LÓGICAS Y DE INFORMACIÓN

Disponemos de varios tipos más de funciones con Excel. Por ejemplo, puede trabajarse con funciones lógicas, de ingeniería o funciones financieras (y otras). Veamos un ejemplo más: la función **SI** es una función lógica que mostrará un dato u otro en la celda dependiendo de una condición:

`SI (Condición;Verdadero;Falso)`

En esta función se empieza tecleando una condición consistente en comparar dos datos. Ejemplos:

- SI (B5<0;... (si B5 es menor que cero)

- SI (C7<>B8;... (si C7 es distinto de B8)

Para realizar estas condiciones se pueden emplear los siguientes operadores de comparación:

= es igual a

```
<    es menor que
>    es mayor que
<=   es menor o igual que
>=   es mayor o igual que
<>   es distinto de
```

Después de teclear la condición en la función SI, se establece lo que debe aparecer en la celda si esa condición se cumple y, por último, separándolo con otro punto y coma, se indica lo que debe aparecer si la condición no se cumple. Veamos un ejemplo completo:

```
=SI(B5<0;"El valor es negativo";"El valor es positivo")
```

Esta función implica que si **B5** es menor que cero deberá aparecer el mensaje *El* valor *es negativo* y, de lo contrario, aparecerá *El valor es positivo.*

Aún se puede completar más el caso: ¿y si el valor de B5 es cero? Para tenerlo en cuenta podemos incluir una función SI dentro de otra:

```
=SI(B5<0;"El valor es negativo";SI(B5>0;"El valor es positivo";"El valor es cero"))
```

Esta función se complementa con otras que igualmente juegan con los valores lógicos *verdadero* y *falso*:

O(condición 1;condición 2;...;condición n) devuelve verdadero cuando al menos una de las condiciones entre los paréntesis lo es.

Y(condición 1;condición 2;...;condición n) devuelve verdadero cuando todas las **condiciones** entre los paréntesis lo son.

ESBLANCO(**celda** o expresión) devuelve verdadero cuando la celda o la expresión entre los paréntesis está vacía.

ESERROR(celda o **expresión**) devuelve verdadero cuando la celda o la expresión entre los paréntesis genera un error.

ESNUMERO(celda o **expresión**) devuelve verdadero cuando la celda o la expresión entre los paréntesis contiene un dato numérico.

ESTEXTO(celda o expresión) devuelve verdadero cuando la celda o la expresión entre los **paréntesis** contiene un dato de texto.

Puede colocarse una función dentro de otra si esto resulta provechoso. Por ejemplo, una media aritmética puede devolver un resultado con decimales, y dichos decimales pueden eliminarse mediante otra función. Ejemplo:

=ENTERO(PROMEDIO (B1:B10))

La función entero quita los decimales de lo que tiene entre sus paréntesis, que es la media aritmética de los datos contenidos entre B1 y B10.

También puede incluir una función (o varias) dentro de una fórmula. Por ejemplo, si necesita hallar la mitad del resultado de una suma, podría hacerlo de la siguiente forma:

=SUMA(B1:B10)/2

4.5.1 Práctica demostrativa

1. Abra el libro *Gastos* que ha ido diseñando en las prácticas anteriores.

2. Borre los totales. Vamos a reemplazarlos por los mismos cálculos realizados con funciones.

3. Seleccione las celdas desde la B3 hasta F16 (B3:F16) y pulse el botón **Autosuma** (Σ ▾). Obtendrá el total de cada columna de valores.

4. Sitúese en la celda B17 y teclee: =PROMEDIO(

5. Utilice el ratón para seleccionar las celdas B3:B:14. Luego cierre el paréntesis de la función PROMEDIO que acaba de terminar y pulse **INTRO**. Obtendrá la media anual de gastos del *Sr. López*.

6. Haga clic en la celda B17 y empleando su controlador de relleno, arrastre hacia la derecha hasta abarcar todas las columnas de valores. El promedio se reproducirá en cada celda inferior de cada columna de datos.

7. Sitúese en la celda A2 y teclee: =HOY()

8. Obtendrá escrita la fecha actual y cambiará cada día.

9. Guarde el resultado en el disco.

Capítulo 5

GRÁFICOS

Los gráficos permiten una mejor comparación y análisis visual de los datos. Se emplean los datos numéricos de la hoja de cálculo para reflejarlos con determinados tipos de figuras y adornarlos con rótulos y diferentes aspectos adecuados para reflejar sus valores.

Es recomendable (aunque no imprescindible) comenzar seleccionando el rango de celdas que contienen los datos que se pretenden plasmar en el gráfico matemático.

Hay que asegurarse de que el bloque de los datos que se selecciona contiene, si los hay, los rótulos de la primera fila y de la primera columna (ya que esto mejorará la legibilidad de los datos del gráfico). Si los datos están salteados, recuerde que puede seleccionarlos manteniendo pulsada la tecla **CONTROL** (o **CTRL**) mientras arrastra con el ratón para seleccionar.

5.1 CREACIÓN DE UN GRÁFICO

Se genera el gráfico recurriendo a los distintos botones del grupo **Gráfico** de la ficha **Insertar** en la cinta de opciones:

Cada botón de este grupo crea directamente un gráfico del estilo que muestra su icono; sin embargo, haciendo clic en el botón 🔲 de la parte inferior derecha del grupo, se accede a un cuadro de diálogo con un asistente para la creación del gráfico de cualquier tipo:

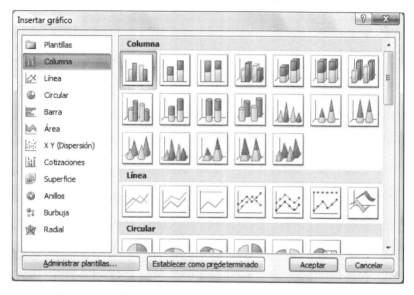

Con él se elige la clase del gráfico que se necesita en la lista de categorías de la izquierda (**Columna**, **Línea**, **Circular**, etc.). Desplazándose arriba y abajo por la lista de gráficos de la derecha puede apreciar todos los tipos de gráficos disponibles. Cuando se pulsa el botón Aceptar, aparece el gráfico en la hoja y se dispone de tres fichas adicionales en la cinta de opciones para configurar el gráfico y darle el aspecto que deseemos. También se puede acceder a estas fichas posteriormente cuando se hace clic en un gráfico cualquiera.

5.2 EDICIÓN DE GRÁFICOS

Cuando el gráfico se encuentra en el documento, se puede retocar para adaptarlo mejor a los valores que representa. Se ofrecen, entonces, tres fichas.

La ficha **Diseño** ofrece lo siguiente:

1. El grupo **Tipo** dispone de dos botones para trabajar con el tipo de gráfico:

   - El botón **Cambiar tipo de gráfico** lleva nuevamente al cuadro de diálogo anterior para que se seleccione otro tipo de gráfico.

   - El botón **Guardar como plantilla** permite guardar en disco el gráfico como una plantilla que se puede emplear en el futuro como base para diseñar otro gráfico.

2. El grupo **Datos** ofrece otros dos botones:

   - **Cambiar entre filas y columnas** permite elegir los datos que aparecen en cada eje. Así se pueden intercambiar entre sí.

   - Seleccionar **datos** permite seleccionar los datos del gráfico. Aunque ofrece un cuadro de diálogo para ello, se pueden seleccionar de la forma tradicional directamente en la hoja.

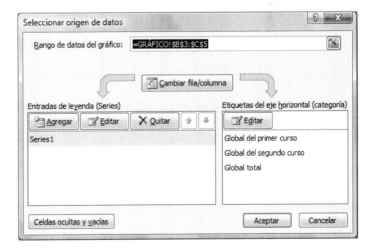

3.   El **grupo Diseños de gráfico** ofrece varios estilos de gráfico completos ya diseñados y listos para aplicarlos a cualquiera que se encuentre en la hoja.

4.   El grupo **Estilos de diseño** contiene varios diseños de color y aspecto para el gráfico.

5.   El grupo **Ubicación** contiene un único botón, **Mover gráfico**, que lleva a un cuadro de diálogo con el que se puede trasladar el gráfico a otra hoja. Se puede incluso colocar una hoja especial para el gráfico que no contiene celdas y es de uso exclusivo para él.

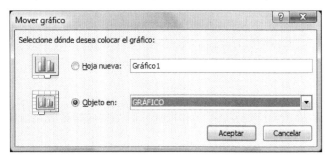

La ficha **Presentación** ofrece lo siguiente:

1.   El grupo **Selección actual** permite elegir uno de los múltiples objetos integrantes del gráfico para poder modificarlo después.

   •   El botón **Elementos del gráfico** (que en nuestra figura ofrece el aspecto `Área del gráfico` ⌄) permite elegir uno de los distintos elementos que componen el gráfico, si bien, esto mismo se puede conseguir haciendo clic sobre cualquier elemento del gráfico (barras, líneas, ejes, leyenda, etc.).

   •   El botón `Aplicar formato a la selección` lleva a un cuadro de diálogo con el que se puede cambiar el formato del elemento elegido en el gráfico. Sus funciones y otras más también se aplican desde la ficha **Formato**, de la que hablaremos enseguida.

- El botón [Restablecer para hacer coincidir el estilo] se pulsa una vez elegido un objeto del gráfico y lo modifica asignando su estilo original. De esta forma, un objeto que se haya cambiado puede ser restablecido a su formato original.

2. El botón **Insertar** permite añadir al gráfico una imagen, una autoforma o un cuadro de texto para complementar su información.

3. El grupo **Etiquetas** contiene elementos de texto que pueden añadirse al gráfico. Todos sus botones se limitan a añadir el cuadro con el rótulo y luego hemos de teclear su contenido. Además, todos esos botones despliegan un menú entre cuyas opciones disponemos, al final, de una que lleva a un cuadro de diálogo con el que podemos concretar el aspecto y posición del cuadro de texto:

   - El botón **Título del gráfico** permite añadir un rótulo general al gráfico.

   - El botón **Rótulos de eje** permite añadir inscripciones junto a los ejes del gráfico.

   - El botón [Leyenda ▾] permite añadir una leyenda al gráfico. La leyenda es el cuadro que lista los colores y permite asociar los colores de las barras a los datos de la hoja (así sabemos qué barra corresponde a qué dato).

   - El botón [Etiquetas de datos ▾] permite añadir datos a los elementos medidores del gráfico (barras, líneas, sectores, etc.).

   - El botón [Tabla de datos ▾] añade los valores numéricos responsables del gráfico en forma de tabla debajo de éste.

4. El grupo **Ejes** contiene dos botones con los que podemos mostrar y ocultar los ejes del gráfico y las líneas de cuadrícula (pensadas para que el usuario aprecie mejor la altura de las barras o líneas).

5. Los botones del grupo **Fondo** permiten activar y desactivar el relleno de fondo del gráfico.

6. El botón **Análisis** contiene cuatro botones que exponen elementos que facilitan el análisis al gráfico. Por ejemplo, las **Líneas de tendencia** indican la dirección genérica de los datos del gráfico (hacia arriba, incrementándose, hacia abajo, decrementándose, en forma de curva, etc.). No todos los tipos de gráficos permiten añadir los cuatro elementos de análisis (por ejemplo, estarán todos disponibles para los gráficos de línea).

7. El botón Propiedades permite dar nombre al gráfico.

La ficha **Formato** ofrece lo siguiente:

1. El grupo **Selección actual** permite elegir uno de los múltiples objetos integrantes del gráfico para poder modificarlo después.

    •   El botón **Elementos del gráfico** (que en nuestra figura ofrece el aspecto | Área del gráfico   ▼ |) permite elegir uno de los distintos elementos que componen el gráfico, si bien, esto mismo se puede conseguir haciendo clic sobre cualquier elemento del gráfico (barras, líneas, ejes, leyenda, etc.).

    •   El botón | Aplicar formato a la selección | lleva a un cuadro de diálogo con el que se puede cambiar el formato del elemento elegido en el gráfico. Sus funciones y otras más también se aplican desde la ficha **Formato**, de la que hablaremos enseguida.

    •   El botón | Restablecer para hacer coincidir el estilo | se pulsa una vez elegido un objeto del gráfico y lo modifica asignando su estilo original. De esta forma, un objeto que se haya cambiado puede ser restablecido a su formato original.

2. El grupo **Estilos de forma** contiene varios diseños ya definidos para nuestras figuras y elementos para que construyamos los nuestros propios.

- Si se trata de elegir uno ya diseñado, sólo hay que desplegar su lista y hacer clic en el que se desee.

- Con el botón  Relleno de forma ▾ se aplica un tipo de efecto de fondo a la figura, es decir, un tipo de relleno. Podremos elegir entre un único color, un **Degradado** entre dos colores, una **Textura**, una **Trama** (también entre dos colores) o una **Imagen**.

Para aplicar un color sólo hay que elegir uno en la lista (o la opción **Más colores de relleno**, que ofrece una paleta más amplia). También podemos elegir **Sin relleno** para dejar hueca la figura (aunque a partir de entonces sólo se podrá seleccionar la figura haciendo clic en su borde puesto que su relleno ya no existirá).

- Con el botón ✎ Contorno de forma ▾ se puede cambiar el aspecto y color del borde de las figuras.

- Con el botón ◣ Efectos de formas ▾ desplegamos una lista de efectos especiales para el objeto: iluminaciones, volumen, reflejos, etc.

3. El grupo **Estilos de WordArt** contiene estilos ya diseñados y funciones para que diseñemos los nuestros propios para aplicarlos a los textos del gráfico.

- Para elegir uno de los estilos ya diseñados sólo hay que desplegar la lista y hacer clic en él.

- El botón **Relleno de texto** (▲▾) despliega una lista de colores y efectos que podemos aplicar al relleno de las letras del rótulo: degradados, texturas e imágenes.

- El botón **Contorno de texto** (▨▾) despliega una lista de colores y efectos que podemos aplicar al borde de las letras del rótulo: grosor y estilo de línea.

- El botón **Efectos de texto** (▲▾) despliega una lista de menús con efectos especiales que podemos aplicar al rótulo:

4. El grupo **Organizar** proporciona funciones de colocación para la imagen:

- El botón [⬜ Traer al frente ▾] sitúa la imagen por delante de las otras (como colocar una carta por delante de la baraja o de otras cartas).

- El botón [⬜ Enviar al fondo ▾] sitúa la imagen por detrás de las otras (como colocar una carta por detrás de la baraja o de otras cartas).

- El botón [⬚ Alinear ▾] permite colocar la imagen a la misma altura que otras o que los márgenes de la página. Este botón se despliega para ofrecer todas sus posibilidades.

- El botón [⬚ Agrupar ▾] reúne varios objetos para tratarlos como uno sólo. También permite realizar la operación inversa, es decir, separar varios objetos que estaban agrupados (**Desagrupar**). Ninguna de ellas funciona con imágenes normales, pero sí lo hace con figuras dibujadas con el propio programa.

- El botón [Girar] permite rotar una imagen 90° en una dirección. También permite reflejarla horizontal y verticalmente.

- El botón [Panel de selección] activa el panel de tareas mostrando los gráficos que pueden verse en la hoja. Con dicho panel se pueden ocultar y mostrar dichos gráficos (haciendo clic en el icono que ofrece cada uno a su derecha en la lista, aunque también se pueden ocultar y mostrar todos con los botones [Ocultar todas] y [Mostrar todo], respectivamente) y recolocar los gráficos al frente o al fondo (seleccionando uno en la lista y pulsando los botones [ ] o [ ]).

5. El grupo **Tamaño** permite cambiar las dimensiones del gráfico mediante los cuadros de texto **Alto de forma** y **Ancho de forma** en los que se teclea un tamaño vertical y horizontal para la imagen, respectivamente. Cuando se teclea un nuevo valor hay que pulsar **INTRO** para fijarlo.

5.3 LOS ELEMENTOS DEL GRÁFICO

Cada uno de los botones del grupo **Presentación** ofrecen, al final, una opción que siempre comienza con **Más opciones de**... Cuando se selecciona aparece un cuadro de diálogo en el que la mayoría de las funciones son comunes para todo tipo de objeto, es decir, independientemente del objeto que seleccionemos y del botón de la cinta de opciones que despleguemos, al elegir **Más opciones de**... siempre obtenemos una parte común. Es a esta parte a la que vamos a dedicar este apartado.

Las funciones que vamos a detallar son aplicables también a las figuras diseñadas con **Formas** (en el grupo **Ilustraciones** de la ficha **Insertar** de la cinta de opciones).

El aspecto inicial que ofrece el cuadro de diálogo que se obtiene al activar la citada opción es el mismo, aunque puede variar ligeramente dependiendo del botón desde el que lo hayamos activado:

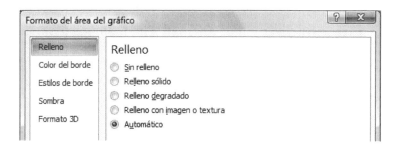

5.3.1 Relleno

Cuando se selecciona la categoría **Relleno** en el cuadro de diálogo anterior, disponemos de varios botones de opción que, al ser activados, añaden al cuadro varios controles para ajustar el aspecto de relleno de fondo de aquel objeto que se haya seleccionado previamente.

1. Obviamente, el botón **Sin relleno** deja vacío el relleno de la figura.

2. Con **Relleno sólido** podemos emplear un único color que rellene el fondo de la figura. Para ello, el cuadro ofrecerá los siguientes elementos:

- La lista **Color** permite seleccionar el tono para el relleno.

- Desplazando el deslizador **Transparencia** conseguimos que el objeto permita o no vislumbrar los que estén tapados por él: 100% es totalmente transparente y 0% es totalmente opaco.

3. Con Relleno **degradado**, el objeto mostrará de fondo un degradado. Para diseñar el degradado, nos ofrecerá los siguientes elementos:

- La lista **Colores preestablecidos** ofrece una lista de degradados ya diseñados para que el usuario sólo necesite elegir uno.

- La lista **Tipo** permite elegir la forma del degradado:

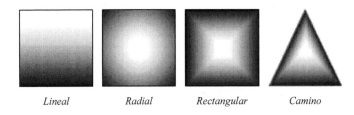

    Lineal   *Radial*   *Rectangular*   *Camino*

- Podemos establecer la **Dirección** de dibujo del degradado: hacia arriba, hacia abajo, en diagonal, etc.

- También podemos hacerlo mediante el **Ángulo** de inclinación del degradado.

- Podemos establecer cuántos colores formarán el degradado mediante los Puntos **de degradado**. Inicialmente, tendrá un determinado número de puntos. Se pueden [Quitar] (eligiendo uno antes en la lista [Detención 1 ▼]) y [Agregar] (detrás de otro que hayamos seleccionado en la lista [Detención 1 ▼]). En cada punto se puede establecer su **Color**, dónde va a ser éste más intenso (**Posición de la detención**: 0% en un extremo, 100% en el extremo opuesto, otro porcentaje en un punto intermedio) y qué nivel de **Transparencia** va a tener.

- Si se activa la casilla **Girar con forma**, el degradado girará si así lo hace la figura, manteniendo su aspecto con relación a ésta.

4. **Relleno con imagen o textura** permite rellenar el objeto con una imagen almacenada en el disco (Archivo...), del Portapapeles o de las Imágenes prediseñadas... . También se puede rellenar con una **Textura** desplegando la lista .

- Activando la casilla **Mosaico de imagen como textura** la imagen (o textura) rellenará el fondo repitiéndose como azulejos en una pared. Si la desactivamos, la imagen se expandirá o encogerá hasta adaptarse al tamaño de la figura. Si se activa, disponemos de varios elementos para fijar el tamaño y posición de los "azulejos", mientras que si la desactivamos, dispondremos de otros para colocar la imagen dentro de la figura.

- Desplazando el deslizador **Transparencia** conseguimos que el objeto permita o no vislumbrar los que estén tapados por él: 100% es totalmente transparente y 0% es totalmente opaco.

- Si se activa la casilla **Girar con forma**, la imagen girará si así lo hace la figura, manteniendo su aspecto con relación a ésta.

5.3.2 Color de borde

Activando la categoría **Color de borde** podremos cambiar el aspecto del borde con respecto a su color. Para ello, el cuadro de diálogo variará su contenido, ofreciendo lo siguiente:

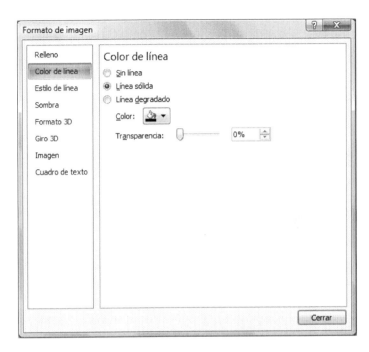

1. Naturalmente, la opción **Sin línea** deja a la figura sin una.

2. Con Línea **sólida** podemos elegir un **Color** y una **Transparencia** para el borde de la figura.

3. Con **Línea degradado** podemos aplicar un degradado al borde de una figura. Es decir, las líneas comienzan su trazado con un color que va cambiando hasta alcanzar otro (esto incluso con más de dos colores). Todo ello se diseña tal y como hemos visto para los degradados de relleno de las figuras.

5.3.3 Estilo de borde

El borde también puede estar dibujado con diferentes tipos de línea y de grosor. Por ello, al activar la categoría **Estilo de borde**, el cuadro de diálogo cambia su contenido ofreciendo lo siguiente:

1. Utilice **Ancho** para establecer el grosor del borde de la figura.

2. Con **Tipo** compuesto se puede indicar si la línea será única, doble, doble con una de las líneas de diferente grosor o triple.

3. Con **Tipo de guión** se establece si la línea será continua, construida con puntos, con guiones o mezcla de ambos.

4. Con **Tipo de remate** se establece cómo será el extremo de la línea: redondo, cuadrado o plano.

5. Con **Tipo de** combinación se establece cómo será el aspecto donde dos líneas se unan: redondo, bisel o en ángulo.

6. Si la figura consta sólo de una línea, puede tener punta de flecha en sus extremos y para establecer su aspecto disponemos del grupo **Configuración de flechas** con cuyos elementos podemos indicar la forma de la flecha en cada extremo (**Tipo de inicio** y

Tipo de final), así como su corpulencia (**Tamaño inicial** y **Tamaño final**).

5.3.4 Sombra

Las figuras pueden ofrecer un efecto de proyección de sombra. Así, si se activa la categoría Sombra, el cuadro de diálogo ofrece los siguientes elementos:

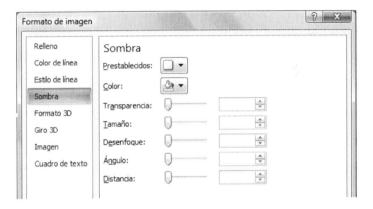

1. La lista **Prestablecidos** ofrece varios efectos de sombra ya diseñados para elegir uno.

2. Se puede elegir el **Color** de la sombra proyectada.

3. Con el resto de elementos se puede construir una sombra a medida. Para ello hay que especificar la **Transparencia** de la sombra, su **Tamaño**, su **Desenfoque** en los bordes, el **Ángulo** de proyección y la **Distancia** con respecto al objeto que la proyecta.

5.3.5 Formato 3D

La categoría Formato 3D permite aplicar efecto de volumen a la figura. Al acceder a esta categoría, el cuadro de diálogo muestra lo siguiente:

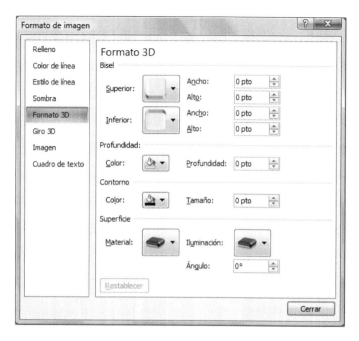

1. Con los elementos del grupo **Bisel** seleccionamos el tipo de efecto tridimensional, así como su anchura y altura.

2. Con **Profundidad**, establecemos el **Color** de la tercera dimensión que añade el programa, así como su **Profundidad**.

3. Con **Contorno** establecemos el **Color** del borde, junto con su grosor **(Tamaño)**.

4. Con **Superficie** podemos elegir un efecto que simule el **Material** con el que está hecha la figura, la intensidad de la luz que la ilumina y su posición (**Iluminación** y **Ángulo**).

5. Con el botón [Restablecer] se restauran los valores iniciales de volumen de la figura.

5.3.6 Giro 3D

En algunas figuras, se puede simular un giro en tres dimensiones de la figura. Esta función sólo estará disponible si se trata de una figura con tres dimensiones.

1. Se puede desplegar la lista **Preestablecidos** para elegir uno de los giros ya diseñados y aplicarlo a la figura.

2. Por el contrario, se puede diseñar el giro a medida mediante los datos **X**, **Y**, **Z** y **Perspectiva**. En todos ellos se escribe un ángulo de giro para que la figura voltee en la dirección correspondiente.

3. Si la figura contiene texto, se puede activar la casilla **Mantener texto sin relieve** para que este no gire junto con la figura. Si se

desactiva, el texto se adaptará al giro de la figura volteando en la misma dirección.

4. Con Distancia **desde la superficie** podemos acercar (o alejar) el objeto al "papel".

5. El botón [Restablecer] restaura los valores originales de la figura.

6. Si se trata de objetos de un gráfico matemático, se dispone también del grupo **Escala del gráfico** con cuyos elementos podemos ajustar el objeto al resto del gráfico.

5.3.7 Imagen

Si la figura contiene una imagen de relleno, el cuadro de diálogo ofrece la categoría **Imagen** con la que podemos ajustarla:

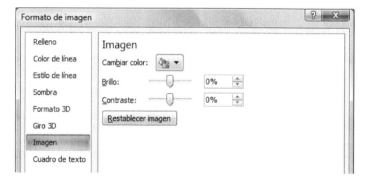

1. Con la lista **Cambiar color** podemos alterar la tonalidad de la imagen (cambiarla a más rojiza, azulada, verdosa, etc.).

2. El deslizador de **Brillo** permite cambiar la luminosidad de la imagen.

3. El deslizador de **Contraste** permite cambiar el nivel de diferencia que habrá entre los tonos oscuros y claros.

4. El botón [Restablecer imagen] restaura los valores originales de la imagen.

5.3.8 Cuadro de texto

Si la figura contiene texto, podemos emplear la categoría **Cuadro de texto** para modificar el aspecto de sus letras en la figura.

1. Mediante la lista **Alineación vertical** podemos llevar el texto a la parte superior de la figura, a la inferior o al centro.

2. Con la lista **Dirección del texto** se obliga al texto a aparecer horizontal o verticalmente. En este último caso podemos ver las letras giradas de arriba a abajo, al revés, e incluso con las letras sin girar.

3. Si se activa la casilla **Ajustar tamaño de la forma al texto**, la figura se ampliará o reducirá hasta acomodarse con precisión el texto.

4. Con los datos del grupo **Margen interno** podemos separar el texto del borde de la figura en mayor o menor medida.

5. Con el botón [Columnas...] el texto de la figura se puede redistribuir en dos o más columnas. Para ello se ofrece un cuadro de diálogo en el que se establece el número de columnas y su separación.

5.3.9 Práctica demostrativa

1. Abra el libro *Gastos* que ha ido diseñando en las prácticas anteriores.

2. Seleccione el rango de celdas A2:B14.

3. Acceda a la ficha **Insertar** y, en su grupo **Gráficos**, despliegue el botón **Circular**.

4. Elija un modelo de **Gráfico Circular 3D**.

5. En la ficha **Diseño**, puede emplear el botón **Mover gráfico** del grupo **Ubicación** para llevar el gráfico hasta otra hoja.

6. Ayudándose de la cinta de opciones y haciendo clic en cada elemento del gráfico, cambie estilos y colores para adaptar el gráfico a su gusto.

7. Puesto que los datos que seleccionó para el gráfico sólo reflejan la información relativa al *Sr. López*, diseñe un grafico similar para cada uno de los demás empleados. Recuerde que puede valerse de la tecla de control para seleccionar los datos. Así, para seleccionar los datos del *Sr. Gómez*, deberá seleccionar los rangos A2:A14 y C2:C14 antes de crear el gráfico.

8. Guarde el resultado en el disco.

ÍNDICE ALFABÉTICO